ひと目で
わかる
図解
付き！

「知る」を最大化する

本の使い方

読書系インフルエンサー　ぶっくま

SE
SHOEISHA

はじめに

　あなたがもし「本の内容が頭に入ってこない」「読書をしても成長を感じない」「なにを読んでいいかわからない」と悩んでいるなら、一人ではありません。

　読書を始めたいけれど、「なにからはじめていいかわからない」「どういった本がおすすめなんだろう」という声もよく耳にします。そして、「本で人生がどう変わるのか」その実体験を知りたいと願う人もいます。

　心配無用です。こうした解決が難しいと思えるような問題も「適切な読書法」を身につけることで全て克服できます。

　本書では、私がみなさんと同じく直面した問題をどのように乗り越えたかを実体験をもとに、本の選び方、読み方、アウトプット、読書を習慣化する方法とに分け、「読書で自己成長するための方法論」を体系的に示しています。

　申し遅れましたが、私こと「ぶっくま」はX（旧：Twitter)で読書について情報を発信しており、2024年7月時点で7.5万人、SNSの総フォロワー9.7万人に支えられています。

　実は、以前の私はネガティブで自信は皆無。コミュ障で口ベタ。人前ではまったく話すことができず、友人は片手で数えるくらい。26歳まで本を手に取ることすらありませんでした。

　そんな私ですが、ある日の突然の誘いで書店に足を運び、そこで見つけた1冊の本『世界Ｎo.1カリスマコーチが教える　一瞬で自

分を変える法』(アンソニー・ロビンズ・著、本田健・訳、三笠書房)との出会いが、心だけでなく人生の方向までも変えたのです。

　今では本から得た知識を武器に経験を積んでいった結果、5億円規模のプロジェクトのプロジェクトマネージャとして働いています。これもすべて、読書がもたらした「知」の力です。

　本は人生の武器になります。私のような凡人でも、武器を使えば強敵に打ち勝つことができるのです。

　本書は、普段から読書に関する悩みを抱えている方、プロの読書術がマネできずに挫折してしまった方、職場でステップアップを目指す方、自分に合った本を選びたい方、そして誰にもできる読書術を知りたい方に向けて書き上げました。

　この本では、次の特徴から解決策を提示しています。

(特 徴 ①)　**悩みを抱えていた私だからこそ書ける、**
　　　　　　初心者から中級者向けに寄り添った内容

　世にある読書術の本の大半は読書のプロが書いた本です。私のように人生や仕事に悩みを抱え、読書を通じて困難を乗り越えた経験があるのではなく、元々デキる人やエリートの執筆者であるケースが多いのです。

　本書は違います。**読書の悩みを抱えていた「普通の人」である私だからこそ、初心者～中級者の気持ちに寄り添い**、本書を書き上げ

ています。

特徴② 図解を用いたわかりやすい解説

『読書術』の本を書いている著者は全員「読書家」です。ご自身が普段から活字に慣れているため、執筆される本も基本的には文章中心で解説されています。

　本書は違います。普段本を読まない人にも理解が進むように、**図解をふんだんに盛り込んでいる**ため、より読みやすく感じてもらえると思います。

特徴③ 「選び方」「読み方」「アウトプット」「読書習慣術」 まで細分化し、体系的にまとめ上げている

　読書をはじめるとき、単に目の前の文字を読み進めればいいというわけではありません。前提として「自分がどうありたいか（なりたいか）」が重要になっています。

　本書は「読書」という行為を最大限活用したい人に向けて、**本を選ぶ前の段階からアウトプットまで各段階での「知っておくべきこと」や逆に「気をつけるべきこと」をトータルでサポート**して、「本の使い倒し方」を徹底的にお伝えしていきます。

　世の中には簡単な初心者向けの本から、本を読み慣れている人でも難解と感じる本まで、ジャンルを問わず、数えきれないぐらいの本で溢れています。しかし、『読書術』の本でおすすめされる本の多くは、一体どのくらいのレベルの人で読めるものなのか、手に取ってみないとわかりません。

　本書はそういった悩みにも対応できるように、**おすすめの本の難易度がわかる図解**も用意しています。

　読書には2種類あります。「娯楽」の読書と「学び」の読書です。本書の内容は「学び」の読書をメイン対象とします。その中でも、「仕事にダイレクトに活かす読書」や「知識を得て自分の土台とする読書」があります。**読書を俯瞰で捉え、それぞれ最適な読書ができる**ようになります。

　本書では、これから読書を通じて自己成長していきたい人を全方位でサポートしています。

　本書が、あなたの人生を新たな方向へ導く一助となることを心から願っています。

［ 本 書 の 構 成 ］

　本書は、本を読むことによってあなたが習得できる知識量を最大化・最適化しつつ、ただ知識を得るだけではなく、その「知」をその後の人生や仕事、キャリアに役立てる方法まで詳しく紹介していきます。

　ここで、本書の全体像を紹介します。

　第1章では、読書についての落とし穴や考え方を解説していきます。「知」を最大化する本の使い方のマインド面、知識面を強化し、選び方や読み方の土台にします。

　第2章の前半では、読書を通じて達成したい目標や学びたい内容を具体化していきます。自分自身に「なんのために本を読むのか？」と問いかけ、明確な目的を設定します。どんなに学ぶスピードが速くても、目的地とは関係ない方向に向かってはゴールにたどり着けないですよね。目標がはっきりしていれば、選ぶべき本の方向性も自ずと見えてきます。

　第2章の後半では、目的に応じて読むべき本を選びます。選書にも複数のアプローチがあり、場面に合わせて使いわけていく必要があります。実は「読書がうまくできない（身につかない）」という悩みのほとんどが、ここで「正しい選択」ができていないために起こっているのです。せっかく本を読む目的が明確になり、モチベーションが高かったとしても、「本の選び方」を間違えてしまってはすべてが台無しです。ここで最適な本を選べるようになりさえすれば、あなたの読書に対する悩みのほとんどが解決となります。

　第3章では、実際に本の読み方を解説します。第2章までで正

しい本を選ぶことができるようになったので、ここからは選んだ本を最大限有効活用する方法を学んでいきましょう。そもそも、読み方は本の種類により、向き不向きがあります。紙と電子書籍、オーディオブックの使いわけも含めた、最適な読書法を解説しますので、時間の無駄を省き、最小の労力で読書ができるようになります。

第4章では、最適な読み方をした後の行動として「アウトプット」を解説します。「読書」は本を正しく選んで最適な読み方をすれば終わりではありません。あなたの人生や仕事に役立てるための「知のアウトプット」を学びます。本の種類によりアウトプットの向き不向きまで解説。私が実践してよかったアウトプット法をお伝えします。

第5章では、私が読書を習慣にした方法を紹介します。本を読む目的を決める→正しい本を選ぶ→効率良く読む→アウトプットして自分のものにする、の一連の流れを習慣化により常に成長スパイラルが生み出せるようになります。本書の習慣化をマネして実践すれば、読書をより身近に感じられるでしょう。

巻頭には「本を使いたおすビジュアルフローチャート」、巻末には「ぶっくマップ」を用意しました。「ぶっくマップ」とは、私がおすすめする本を2軸で特徴を表現した図解です。直感的に自分に合った本を選べるようになっています。「知を最大化するフローチャート」とは、質問に答えるだけで、あなたに合う本の使い方がわかるようにしたチャートです。

目次

カバーデザイン：菊池祐

カバーイラスト：金安亮

エージェント：増山郁（vision track）

本文デザイン & 本文イラスト & DTP：

清家舞（デロイト トーマツ デザイン メタ・マニエラ）

CHAPTER

01

落とし穴にハマった経験から学んだ
「読書に対する考え方」

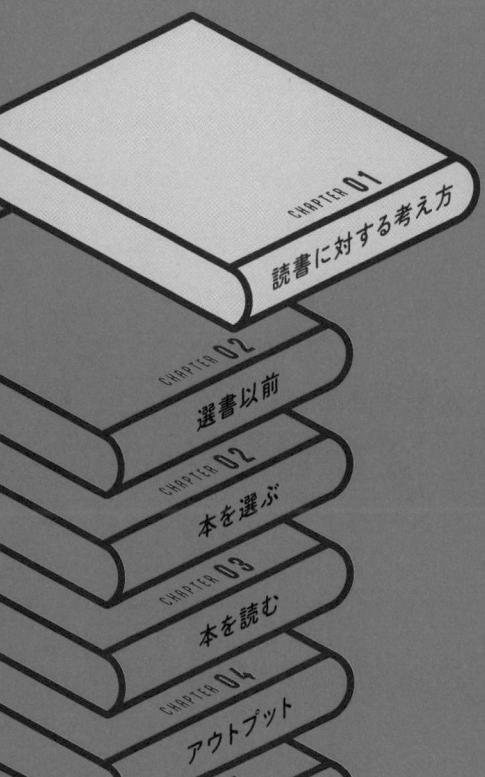

　本章ではまず読書についての考え方や「落とし穴」について解説していきます。

　読書の4つのステップを踏むための基礎知識としてください。ここで「知る」を最大化する本の使い方のマインド面、知識面を強化し、土台とします。

　書いていく内容の多くは、私の失敗経験からの学びです。

　すこし厳しめかもしれませんが、その前提にあるのは「読書は自由」であること。

　「楽しむための読書」はどんな本をどんな読み方をしてもいいと思っています。

　その上でこれから示す内容は「学んでいくため」という観点での必要な考え方となります。

読書は良い効果があるけれど、「読むだけ」では不十分である

　「本を読むだけの状態」とは、「インプットしただけで自分ではなにも考えていない状態」とも言い換えられます。もしあなたが本からなにかを学んでいきたいのなら、まずは、この状態から抜け出す必要があります。

　なぜ、「読むだけでは不十分」だと思いますか？　それは、知識を得るだけで変化がないからです。**読書を人生でよりよくしたいな**

ら、本で得た知識により「行動」「思考」「習慣」を変えていく必要があります。「読むだけの状態」とは、せっかくのインプットがあってもこの３つがどれも変わっていない状態です。読書をしてせっかく時間とお金をかけたのだから、より多くの実りや変化がほしいとは思いませんか？

また、ここで大切になってくるのが**「今のあなたにとって必要な本を選び、学んだ上で変化を起こすこと」**です。

偉そうに聞こえるかもしれませんが、私も最初は「読むだけ」で満足していました。

当時、転職したての頃でした。下請けのITエンジニアとして金融系のシステム開発プロジェクトに参加。業界あるあるですが、前任者の引継ぎもままならず、目の前の仕事にどう手をつけていいかわかりませんでした。

そんな中、なんとか仕事を改善する方法はないかと地元の書店でビジネススキルを向上させる本を探しました。**当時の私は「本を読みさえすれば、デキる人になれる」と勘違いしていた**のです。

そんな思い込みが、自分の心を奮い立たせる自己啓発本、コミュニケーション本、段取りの本、リーダーシップ本、仕事術の本など、様々な本を正に手当たり次第手を出す行動へと繋がっていきました。案の定、ただ読んでは「よし、これで大丈夫だ！」と自分に言い聞かせていました。しかし、当然ながら目の前の仕事はまったくうまくいきません。当時の私は、本を読んでいる自分に酔っているだけ。「結果を出すための努力」が必要なのに、「達成感を得るための努力」になっていたのです。努力の目的化ではなにも状況は変わりません。

　結果、読書にたくさんの時間もお金もかけたのに、契約は3ヶ月で解除されてしまいます。正になんの成果も得られませんでした。

　これが、本を読んだのに変化がない残念な状態です。本を手に入れるのにも、読むのにもコストはかかっています。当時の私の月3万円のお小遣いは、ほぼすべて書籍代に消えていました。

　そんな中で、読後の変化がいかに重要かと気づかされたのは、『レバレッジ・リーディング』(本田直之・著、東洋経済新報社)を読んでから。『レバレッジ・リーディング』にはこう書かれています。「読んだままで終わらせるな！（P137）」「良い本には珠玉の言葉が載っていますから、おおいに励まされ、無性にやる気が出てくることもあります。しかし、ここに落とし穴があります。本を読んだことで、早くも満足してしまうのです。（P138）」正に私は「落とし穴」にハマっていたのです。読んだまま終わらせ、満足していたのですから。

　これに気づいた私は、読んだ内容を自分に落とし込む努力をはじめます。

　読書をすれば成功できると思われがちですが、読むだけではなにも起きません。 本の活用の仕方を知らない人が読書をはじめると、学んだ知識をそのままにしてしまう実態があるのです。

「本を読んできたけれど、身になっていない」

　そんな人は、本の選び方や読み方、その後の行動、要は知識を活用する力を身につけ、変化していく必要があります。

　もちろん、本を読むだけでも知識がつき、好奇心が生み出され、挑戦する力になることもあります。読むのが目的でも、娯楽のためでも良いでしょう。

　しかし、本からの学びを人生に活かしていくには本書でお伝えする**「選び方」「読み方」「アウトプット」**が必須であると、私は実体験から学びました。

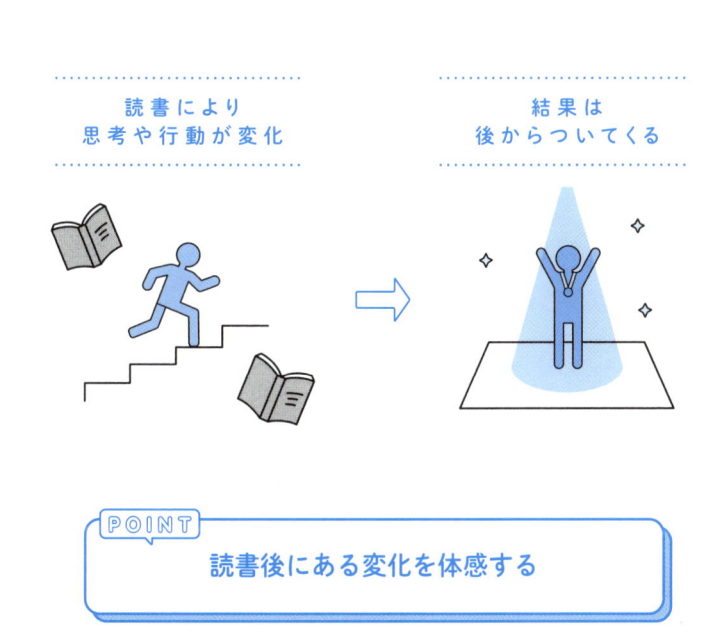

読書により
思考や行動が変化

結果は
後からついてくる

POINT

読書後にある変化を体感する

「教科書」「参考書」を読んで得た知識では まったく通用しなかった、リアルなビジネスの世界

　読書をはじめた当時の失敗経験をもう1つ紹介します。

　本には教科書のような構成のいわゆる「硬い本」があります。闇雲に書籍を読み漁っていた当時、著名な人がおすすめしていたこともあり、「硬い本」を購入して読んでみたことがあります。

　内容は「MECE（Mutually Exclusive and Collectively Exhaustive：情報を重複なく、かつすべてカバーするように整理する方法）」や「ロジックツリー（大きな問題を小さな部分に分けて考える手法）」のようなビジネスで使えるフレームワークが凝縮されていて体系的に思考法を学ぶことができる本で、内容を理解でき、行動に落とし込めれば最高の本となります。

　しかし、これらのフレームワークは汎用的で便利な反面、使うには応用力が必要だということを当時の私は知りませんでした。

　事例も紹介されてあったのですが、「会社での売上や利益の分析について」であり、私の仕事にどう結びつけるのかイメージがつかず、まったく現実世界に活かせませんでした。しかし、「せっかく買ったのだから……」と思い、当時の私は本に書いてある内容をそのまま覚えようとしていました。

　残念ながら、覚えても使えなければ意味がありません。ビジネスの知識は暗記ではなく、得た知識をどう自分ごとに落とし込めるかがカギとなります。

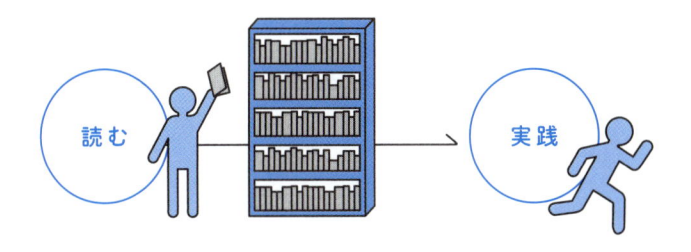

　ここでの教訓は、**どの時点で、どの本を選び、どう読み、どう現実世界に活かすか？**　それを考えて「自分に落とし込む力」が必要であること。戦略的に読書をしていくには、**思考力と応用力**が重要なのです。

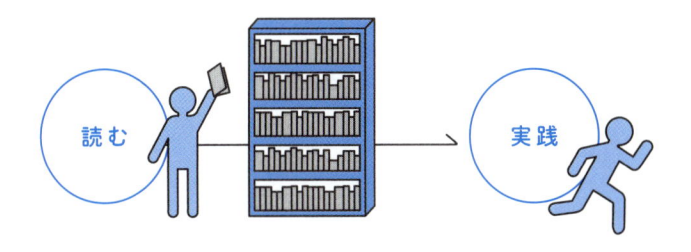

読む

実践

POINT

知識を活かすには思考力と応用力が必要

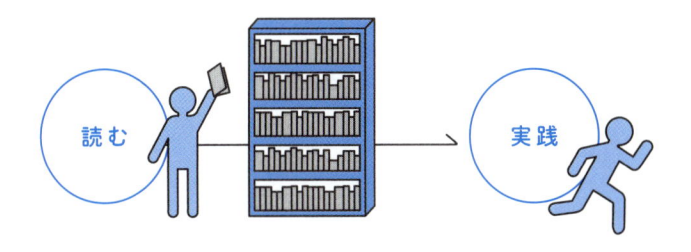

[本から「学べていない人」と 「学べている人」の特徴]

　また、本から効率良く学べていない人と学べている人はどう違うのでしょうか。ここではその特徴を紹介していきます。ただし、本項で解説している「学べていない人」の特徴に当てはまっている人でも落ち込まないでください。私も過去に陥っていたことであり、今からいくらでも改善は可能です。

　では、あなたが当てはまっていないか、一緒に見ていきましょう。

①学べていない人／学べている人の「読書マインド」

学べていない人　　　　　　学べている人

読書が辛い

読書を楽しむ

　本からなんとか学ぼうとし、面白くない本を無理に読もうとする。そんな経験はないでしょうか？　特に読書をはじめた頃にその思考にハマってしまうのは危険です。ストレスになり、最悪の場合、そのまま読書嫌いになってしまう恐れがあります。

　読書は修行ではありません。「辛い」という気持ちで毎日読書を継続するのは至難の業です。

　読書は好奇心を持ちながら読めれば、記憶にも良い影響があるのは研究でも確認されています。カリフォルニア大学の研究では、興味を持っている情報は中脳と海馬という脳の働きにより、記憶が強化されているのです。

　レベルの合わない難しい本やまったく興味のわかない本ではなく、自分のレベルに合った本や好きなテーマ、興味のあるテーマの本から選ぶのも大切なのです。

　読書からしっかりと学びを得ている人は、楽しんで読んでいるのです。

②学べていない人／学べている人の「考え方」

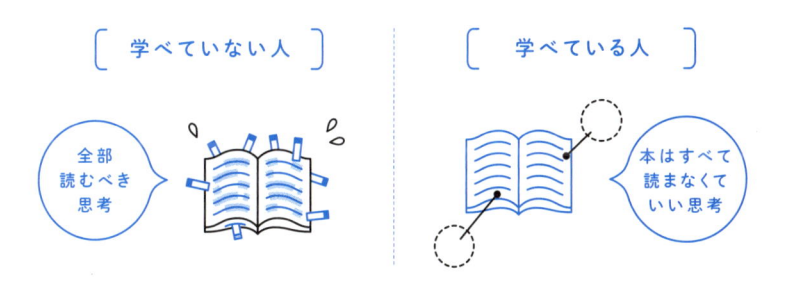

　これもよくある思考です。小説でない限りは、本を最初から最後まで全部を読む必要はありません。

　これを聞くと「いやいや、読まなきゃダメでしょ！」と思うかも

しれませんが、全部読まなくてはいけないルールなんてものはありません。

では、もう1つ真実をお伝えします。年間200冊、300冊と読んでいる大抵の**読書家はすべての本を1ページから最終ページまでを読んではいません**。中にはすべて読むべき本もありますが、一部のみを読むべき本も多数存在しています。

「本はすべて読まなくていい」そう考えるだけで、マインドブロックが外れ、本に対して読むハードルが下がります。"べき"思考はしないべきなのです。

重要なのは、本を読むことではなく、本を読む目的の達成です。拾い読みであなたの目的を達成できるなら、それでも良いのです。

③学べていない人／学べている人の「見え方」

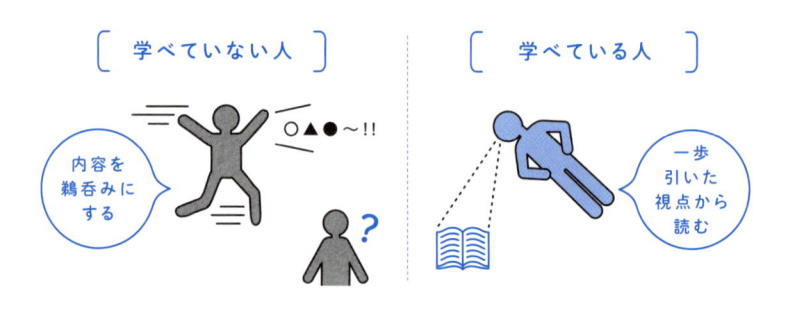

本の内容も100%正しいとは限りません。「ポジティブな思考で過ごそう」という本もあれば「最悪を想定し、ものごとを進めよう」といった本もあります。

　なぜこんなことが起きるのでしょうか？　それは、その人の状況や場面によって、最適な打ち手が変わってくるからです。

　基本的にはポジティブ思考が良いとはいわれていますが、なんでもかんでもポジティブな思考だと、思ってもみない致命傷を負うことがあります。極端な例ですが、「自分はなんでもできる！　空を飛ぶことだって！」そうポジティブに考えたとしましょう。その人がビルからジャンプして飛ぼうとしたら？　間違いなく致命傷です。生き抜くためには、時には最悪を想定し、進んでいくことも必要となります。

　本から正しく学べている人は、本の内容をすべて信じるのではなく、**「客観的事実は？」「この主張はどの範囲で適用できるのか？」「例外はないか？」**というような**一歩引いた視点**を持って読んでいます。

④学べていない人／学べている人の「本の難易度」

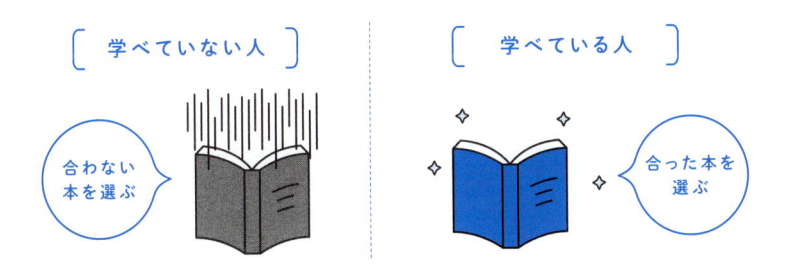

　あなたがこれから読書をはじめようとしたとき、どんな本を読も

うとしていますか？

　いきなりマルクスの名著『資本論』を読もう、そう思った人は注意が必要です。普通の人はいきなりそんな大著は読めません。なにせ全9巻で3,000ページを超える分量であり、初心者が読むには適していません。

　また、あなたが会計士だったとしましょう。そんな人が『ゼロからわかる会計の基本』のような本を読んでも、ほぼすべての内容を知っていることでしょう。

　極端な例でしたが、このように**学ぶには今の自分に最適なレベルの本を選ぶ必要があります**。

　これについては、第2章の「難しい本、簡単な本の8つの見分け方」でわかりやすく説明します。

⑤学べていない人／学べている人の 「読みはじめるまでの時間」

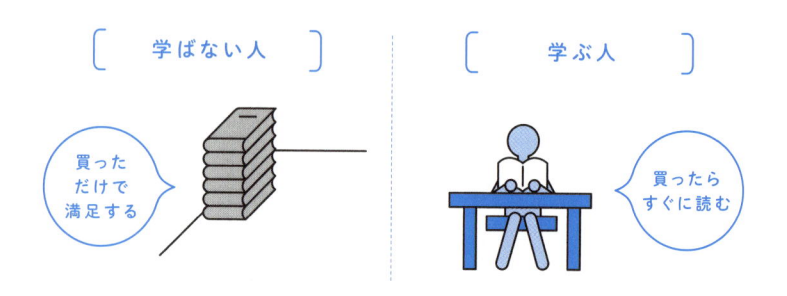

　書店で気になった本があったので購入。そのままカバンの中にしまいっぱなし。または、そのまま本棚に直行。今では埃を被ったま

まずっと置いてある……。心当たりはありませんか？

　本は買っただけではあなたになにも変化を与えません。読んではじめて変化の可能性が出ます。

　一番の方法は、買ったらすぐ読む。**買ったときが一番読みたいとき**だからです。

　時間に余裕がないと感じるかもしれませんが、そのときは10分でも構いません。「購入した帰りの電車で」「購入した書店近くのカフェで」すぐに読んでみてください。もし本当に面白い本であれば、10分の読書では満足できなくなるはずです。

　本から学べている人は、買ったらすぐの読書を実践しています。

⑥学べていない人／学べている人の「本の選び方」

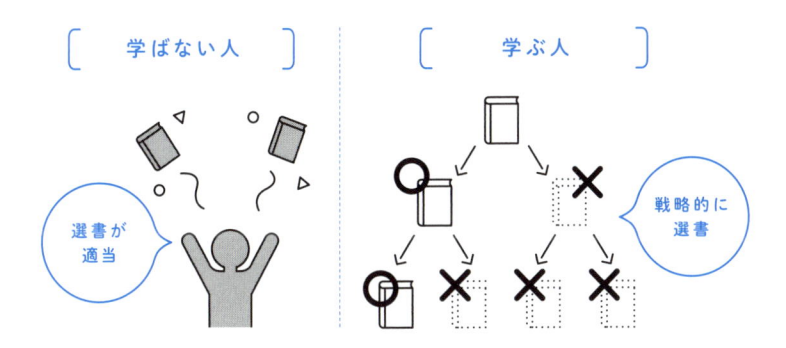

　実は「選書が9割」といわれるほど、本選びは重要です。読む本により得られる学びがまったく違ってくるからです。総務省統計局の統計データによると、令和4年の刊行点数は66,885冊となっています。そんな状況で、なんとなく選んだ本が自分に合った本かど

うかなんてわからない。そう思いませんか？

　ふらっと入った書店で気になった本を買ってみる。これも大事ですが、最初はしっかりと自分に合った本を選んだほうが学びがあるはずです。では、今の自分に合った本を選ぶのにはどうしたら良いと思いますか？　それは「戦略的に本を選ぶこと」です。私のおすすめする選書の戦略は３つです。

・目的を定め、目的にあった本を選ぶ「目標型選書」
・悩みを言語化し、解決するために本を選ぶ「悩み解決型選書」
・自分の知識の面積を広げる「知の体力型選書」

　これらの選書の方針を理解した上で、選書の戦術、要は選ぶテクニックを駆使すると自分にとってのアタリ本にめぐり合えます。

　これについては私の経験を踏まえながら第２章でしっかりと学んでいきましょう。

⑦学べていない人／学べている人の「集中力」

学べていない人

読むのに集中できない

学べている人

「環境」「状態」「読み方」集中のための要素が整っている

読書に集中できないのにはいくつか原因があります。

・疲れている
・スマホの通知が気になる
・他のことが気になってしまう
・読書に対する興味がわかない
・読書する環境が良くない

まとめると原因は3つです。自分の**「状態」**と**「環境」**、そして**「読み方」が良くない**からです。一方、学べている人は、集中するために環境を整え、次に自分の状態を整え、最後に読み方を工夫しています。読書に集中するための対策を多くしているのです。

具体的な方法は、第3章で「学びを最大化する『読書の集中力』の上げ方」としてまとめていますので、後ほど一緒に見ていきましょう。

> **POINT**
> **学べていない人と学べている人では**
> **思考や行動習慣が違う**

「知る」を最大化するための2つの読書

では、「本を読み、活かしている人」はどんな読書の方法をしているのでしょうか？

効果的な学びとして私がたどり着いた読書法は、主に2つあります。私がたどり着いた独学と読書をかけ合わせた概念です。

①「目標達成」や「悩み」を解決するための読書

まず、1つ目が「自己実現読書」であり、主に自己啓発書やビジネス書、実用書、専門書を読み、直接的に自分の仕事や生活に活かす読書です。次の順で読書の効果を最大化します。

目的を定め、到達するための本を選び、読む。実践をし、振り返りをする。

この一連の流れの実践が、ただ読むのと比較して**圧倒的な効果を得られる読書**となります。

キャリアでも会社経営でもビジョンやどこを目指すかが大事といいますが、読書も同じです。

②「知」を積み上げる読書

2つ目が「知的財産読書」で、学びのテーマを選び、知を探究しながら、洞察を得る読書法です。ただ知識を得るのではなく、普遍

的な学びを手に入れたり、既知や経験から新たなアイデアを創出したりします。

　読む本にも特徴があります。教養と呼ばれる歴史、科学、経済学のような学問ジャンルに適していることが多いです。

　一見関係のない知識でも、抽象化すると**人生においての学び**となるのです。

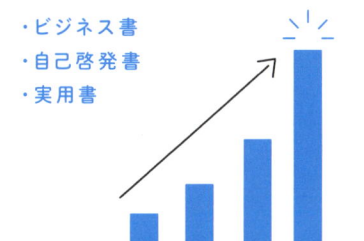

目標達成や
悩みを解決するための読書

・ビジネス書
・自己啓発書
・実用書

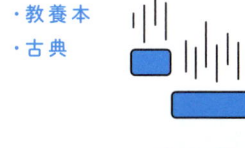

「知」を
積み上げる読書

・教養本
・古典

　以上の2つの読書法を紹介しましたが、優劣があるわけではありません。**状況によって使いわける**のがポイントとなります。

　読書とは、すぐに役立つものもあれば、自分の土台を作るように、がっしりと支えてくれるものもあります。

　投資でいうところでは、PER（Price Earnings Ratio：1株あたり利益率）を重視して投資するのが自己実現読書であり、すぐには利益は見込めないが、将来に向けての投資（グロース株投資）をするのが知的財産読書です。

　目標達成や悩みを解決するための読書で一直線に目標達成を目指しつつも、「知」を積み上げる読書で「遊び」を入れることで、バランスの取れた成長ができます。

　これらの特徴を把握・使いわけをし、人生を豊かなものにしていきましょう。

　各読書法については、この後の第2章で詳しく解説していきます。

POINT

自己実現読書と知的財産読書を使いわける

効果的な学びをするなら必ず知っておくべき 「繋げる」「編める」の効果

　効果的な学びは読書により得られます。「知識を繋ぐ」「知識を編む」というものです。例えば、「行動経済学」は、経済学と心理学から得た知識を組み合わせて誕生した学問です。他にも、プログラミングの知識と外国語学習の手法を融合させれば、より効率的な言語学習アプリケーションの開発もできるでしょう。

　要は、知識は単独ではなく組み合わせることで効果を発揮するということです。**異なる分野の知識を「繋げ」、「編む」ことで私たちは新たな価値を創造できる**のです。

　「繋げる」とは、体系として知識を得ていくことです。本の一番の優位性は、体系的に書かれている点にあります。では、体系とはなんでしょうか。

　辞書で調べてみると次のように出てきます。

個々別々の認識を一定の原理に従って
論理的に組織した知識の全体。

※「goo 辞書」より

　個々の要素をひとかたまりとして見たものをいいます。**学問を1つの視点から見るだけでなく、別の情報にも目を向け、全体的に学んでいく。**これが体系的に学ぶということです。

ネットにある情報はどうでしょうか？　残念ながら、それらの多くは「情報」です。「知識」とはいえません。断片的な内容であり、ピンポイントで調べるには有用です。しかし、情報であるため、体系的な知識は身につきません。

「情報」は対象物に対して一定の意味を与えたものです。辞書で引くとこのようにでてきます。

ある物事の内容や事情についての知らせ。インフォメーション。
「事件についての—を得る」「—を流す」「—を交換する」
「—がもれる」「極秘—」

※「デジタル大辞泉」より

一方、「知識」は辞書で引くと次のように出てきます。

知識とは、事実や情報、技能、理解などを獲得し、記憶し、
適用する能力を指す言葉である。
これは個々の経験や学習により得られ、人間の思考や行動に
影響を与える。知識は、経験的知識、科学的知識、直感的知識、
哲学的知識など、多様な形で存在する。

※「実用日本語表現辞典」より

情報として知るだけでなく、活かすことや行動が必要であることがわかります。

これらをまとめると、次のような関係があるのがわかります。

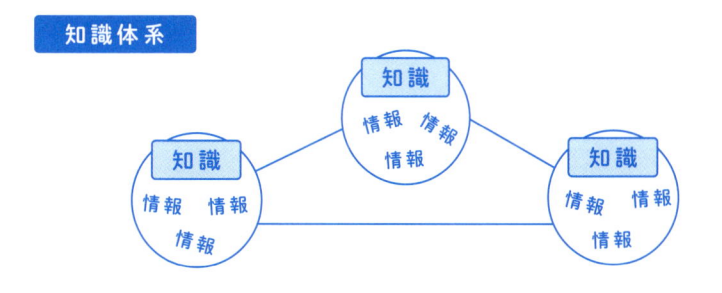

知識体系

　知識を取り出すには体系立てて理解しておく必要があることがお分かりいただけたでしょうか？

　コーヒーの知識を例にします。コーヒーを情報で知るとは、「コーヒー豆の種類はアラビカ種とロブスタ種とリベリカ種がある」というように少しややこしいですが、この状態のことです。情報として記憶するのは、英単語の丸暗記のようなもので、なんども繰り返さないと覚えられません。

　一方、体系として学ぶとは下記のようにまとめて知識を仕入れることです。『コーヒーの科学「おいしさ」はどこで生まれるのか』(旦部幸博・著、講談社)という本の目次を見てみましょう。

第1章 コーヒーってなんだろう？

第2章 コーヒーノキとコーヒー豆

第3章 コーヒーの歴史

第4章 コーヒーの「おいしさ」

第5章 おいしさを生み出すコーヒーの成分

第6章 焙煎の科学

第7章 コーヒーの抽出
第8章 コーヒーと健康

コーヒー1つとっても、その歴史やおいしさ、焙煎や抽出、健康まで、異なる観点からまとまりで学べば、種類や効能だけでなく様々な視点からの知識が繋がっていきます。

例えば、コーヒーのアラビカ種はイエメンから広がった歴史があります。この単一の知識だけでは「ああ、広がったのね……」で終わってしまいます。

では、なぜ広がったと思いますか？　その理由の1つとして、アラビカ種は自家受粉が可能であるからです。通常、植物は花粉が風で飛んで他の樹にくっついて受粉しますが、アラビカ種は同じ花筒の中で受粉が可能です。だからコーヒーノキを1本他国へ持ち出しても、花粉を飛ばす必要がなく広がることができたのです。

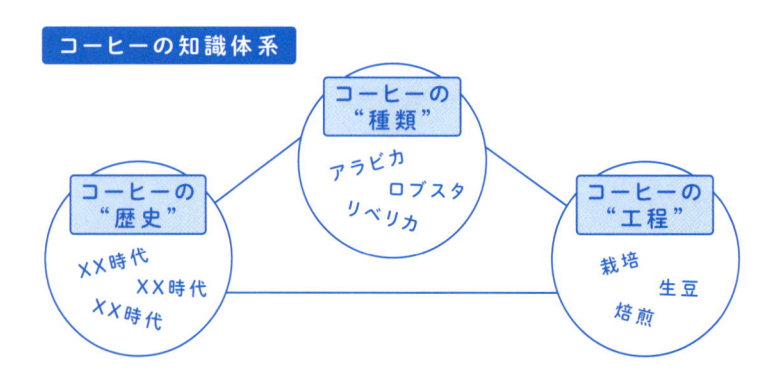

こういった事実は、コーヒーの歴史とコーヒーの生態の知識を繋

げないとわかりません。コーヒー1つをフックに「その豆がどんな種」でどんな焙煎方法だとおいしいのか？　抽出方法は？　このように、知識が繋がり、広がっていくのです。

　もう1つの「編める」とは、知識と知識または知識と経験を編み物をするように結びつけることです。編むことで、新しいアイデアや自分だけの知識へと変化していきます。

　イメージがわきづらい人もいるかと思います。次の図を見てください。

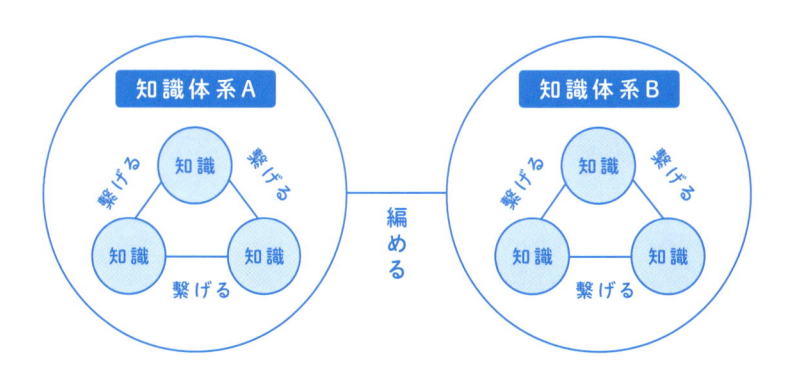

　このように、「繋げる」で得た知識体系同士を結びつけるのが「編める」です。

　「繋げる」で得た体系的知識は、「編める」でより大きな価値となります。しかも、異なる知識を「編める」のは、無限に近いパターンがあるから希少性も高いのです。ここからオリジナルな知識が生まれていきます。その代表的な媒体は「本」です。知識はなにもな

いところからは生まれません。著者は、多数の参考文献や自身の研究や経験から本を作り上げています。つまり、既存の情報や知識や経験を組み合わせているのです。

この本も、「私の読書経験」「習慣術の知識」「集中する技術」「学習における体系的な知識」「電子書籍やオーディオブックのスキル」などを編んで作り上げています。

他の事例をあげてみます。「英語コーチング」と「ChatGPTの知識」と「プログラミングの知識」この3つの知識があったらどうでしょうか。ChatGPTを使用した英語コーチングのサービスを開発できるかもしれません。

さらには私のSNS発信も、複数の知識を編んでいます。

・心理学の知識投稿を見てもらえるような伝え方ができる

・デザインの知識 → 見た目の綺麗な図解を作成できる

・読書の経験や知識 → 良書を選び、

　おすすめ本を選書して投稿できる

・要約と抽象化の技術 →

　本の内容をシンプルな図解に落とし込むことができる

これらの知識や経験を編むことで、SNS発信をしています。結果、フォロワーが増え、今回の出版に繋がっています。**「編める」**ことが、**高い価値を生んでいる**のです。

世にある学問も既存の学問との組み合わせで新しい学問が生まれています。新しい学問を生み出すまではいかなくとも、**知識体系と**

知識体系との組み合わせで、新たな知識や価値を生むことができるのです。

《 SNSの発信を「編む」 》

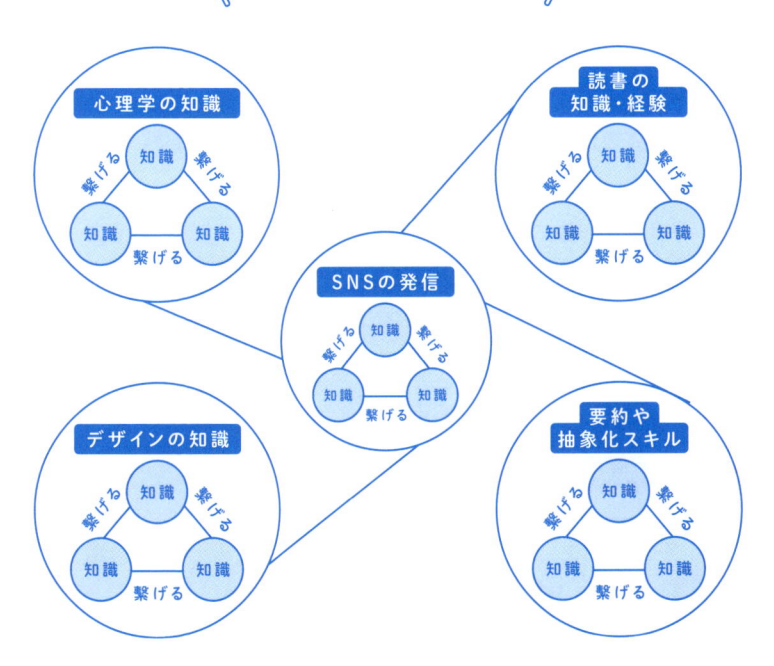

POINT

体系的での学びが
繋げる知識となり、知識を編めることで
新たな知識、気づきやアイデアが生まれる

継続してわかった「読書の驚くべき3つの効果」

　では、本章の最後に、読書を続けていくとどんな効果があるのか
を見ていきましょう。

　私は読書をはじめる前とはじめた後で明確な差が出ているのを感
じています。読みはじめたときはそんなことは考えていませんでし
た。でも調べてみると、読書ならではの効果があったのです。

　どれも日頃から感じている効果です。もしあなたが「効果を感じ
ていない」と思っても大丈夫です。本書を実践してもらえれば、徐々
に感じていくようになるでしょう。

読書の効果-1 知識同士が結びつく

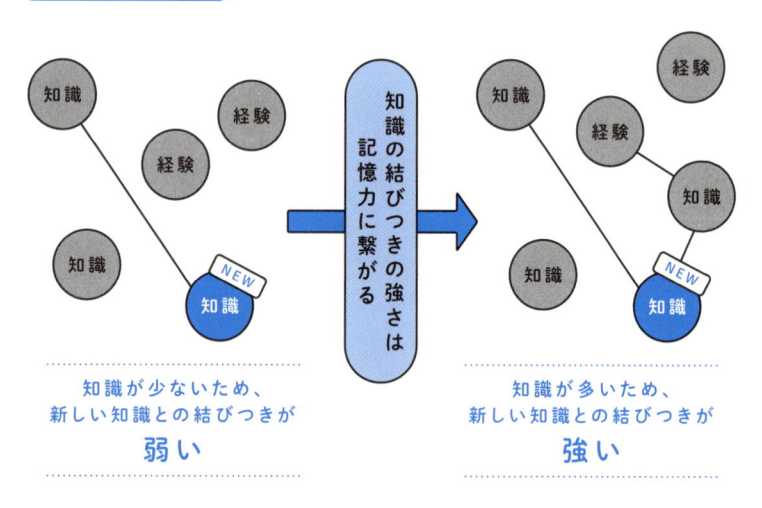

　読書をしているときや、新しい知識を学んだときに感じる効果です。読書により「知識」を多く持っている人と持っていない人の差は、図のように繋がりのための要素（知識）になります。

　この知識という要素が多ければ多いほど繋がりが多くなるのです。知識の多さは、都会の電車の路線図のようなものです。知識を「駅」、線路を「知識間の繋がり」と置き換えるとわかりやすいでしょう。駅が増えれば増えるほど、線路が必要になるのです。都会は至る所に駅があるため、網の目のように線路が張り巡らされていますよね。

　繋がり自体にも良い効果があります。人は、知識と知識を関連付けて学んだほうが記憶力にも良い影響があるのは研究でも明らかになっています。

　結びつきが多ければ多いほど、読書体験も違います。本を読んでいると、「この内容は確かあの本にも書いてあったな」とか「あの経験とこの知識から、こういったことが言えるな」というふうに**繋がるポイントが出てきます**。先ほどの「編める」のような状態です。

　知識だけを持つのではなく、いかに繋げていくのかがカギなのか、おわかりいただけたでしょうか。

読書の効果-2 多様な視点を得られる

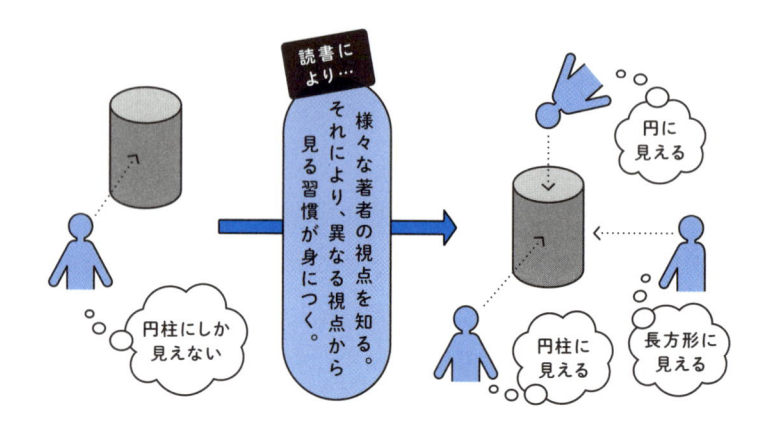

読書により…

様々な著者の視点を知る。それにより、異なる視点から見る習慣が身につく。

円柱にしか見えない

円に見える

円柱に見える

長方形に見える

　読書をしていくと、多様な視点が得られます。なぜだと思いますか？

　読書により様々な著者の視点に触れることができるからです。世界には無数の意見がありますが、普通に暮らしていてはそれらを知る機会はありません。**読書によりその存在を認識できる**のです。

　特に、1つの事象でも正反対のことを言っている本には一定の価値があります。一方、同じ意見ばかりのグループに入っていては偏った思考になってしまいます。これを心理学ではエコーチェンバー現象といいます。SNSによく見られる現象で、偏った意見ばかり目に触れるのも弊害があります。

　本を読むことで著者の意見を受け止め、「こっちの意見もわかるし、こっちの意見も一理ある。しかし、このケースでは当てはまらない」というように、一歩下がった視点でものを見られる思考を養うことができるのです。

読書の効果-3 　知識に広がりが出る

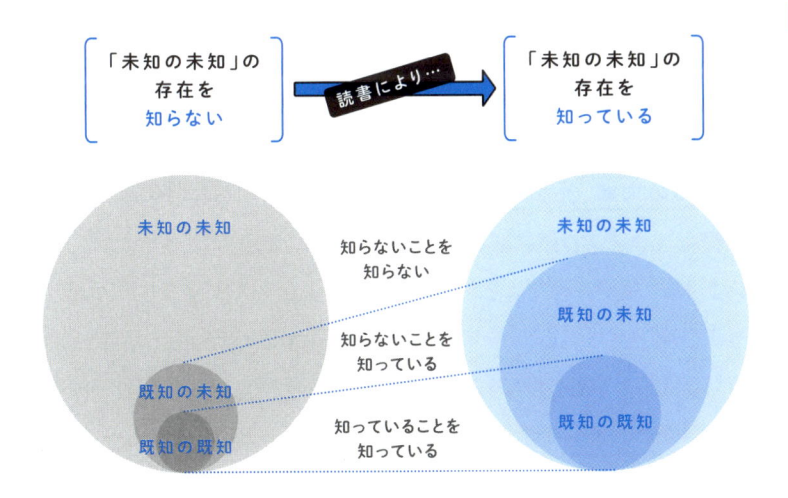

　ドナルド・ラムズフェルドの「既知と未知」の3分類をもとに作ったのが上記の図です。このフレームワークは元々リスク管理に用いられる概念ですが、知識としても適用できる考え方です。

　3分類を以下で解説します。

既知の既知 ……知っていることを知っている状態

　自分で知っている状態を自覚しているということ。特に自分の得意分野や専門分野の知識はこちらにあたることが多いでしょう。

既知の未知 ……知らないことを知っている状態

　自分が知らないと自覚しているということ。哲学者ソクラテスの

「無知の知」で知っている方も多いかと思います。新しい分野の本を読んでいくと知らない単語や知らない概念がいくらでも出てきます。そこではじめて「自分ってなんて知らないんだ」と驚愕します。これは読書を習慣にしている人しか感じないことだと思います。

未知の未知 ……自分が知らないことすら知らない状態

例えば心理学を例に取ると、心理学には次の学問が枝分かれしています。「基礎心理学」と「応用心理学」の2つの大きな学問があり、基礎心理学だけでも、「認知心理学」「発達心理学」「社会心理学」「学習心理学」「人格心理学」など少しあげるだけでもこれだけの分野が枝分かれしています。

心理学を学んだことがない人にとって、「学習心理学」を調べようとならないし、そもそもこれだけ学問が分かれていることすら知らない状態です。これでは知識へアクセスすらできません。

でも、心理学の入門書を読んだらどうでしょうか？　これだけの種類があることを目の当たりにします。「未知の未知」から「既知の未知」に移行するんです。

更に「学習心理学」を深く学ぶことで、「既知の未知」から「既知の既知」に移行していきます。当然、心理学は詳細な知識体系が広がっているので、学んでいる過程で「既知の未知」や「既知の既知」は増えていきます。

第1章のまとめ

　第1章では、読書が知識の深化と統合にどのように貢献するかを掘り下げました。読書に対するイメージの変化はあったでしょうか？

　第2章では、多くの読者が直面している「どんな本を選べばいいかわからない」という問題を解決します。選書法を体系的に示し、誰もが読書を選べるようになる具体的な方法を提供します。

本から学ばない人と学ぶ人の7の特徴

	✕ 学べていない人	◯ 学べている人
1. 読書マインド	読書が辛い	読書を楽しむ
2. 考え方	全部読むべき思考	本はすべて読まなくていい思考
3. 見え方	内容を鵜呑みにする	一歩引いた視点から読む
4. 本の難易度	合わない本を選ぶ	合った本を選ぶ
5. 読みはじめるまでの時間	買っただけで満足する	買ったらすぐに読む
6. 本の選び方	選書が適当	戦略的に選書
7. 集中力	読むのに集中できない	「環境」「状態」「読み方」集中のための要素が整っている

「知」を最大化をするための2つの読書

1
目標達成や悩みを解決するための読書
自己啓発書やビジネス書、実用書、専門書を読み、直接的に自分の仕事や生活に活かす読書

2
「知」を積み上げる読書
学びのテーマを選び、知を探求しながら、洞察を得る読書

「知識を繋ぐ」「知識を編む」という能力が、効果的な学びのキーワード

繋げる とは
繋げるとは、体系として知識を得ていくこと

編める とは
編めるとは、知識と知識または知識と経験を編み物をするように結びつけること

 読書の驚くべき3つの効果

① 知識同士が結びつく	新しいインプットが既知との関連性に気づきやすい
② 多様な視点を得られる	視点により見え方が違うのを実感できる
③ 知識に広がりが出る	「既知の未知」「既知の既知」の面積は増えていく

CHAPTER

02

「知る」を最大化する本の選び方

第２章では、本の選び方を解説していきます。この章の最初に全体像をお伝えすると、以下の５つになります。

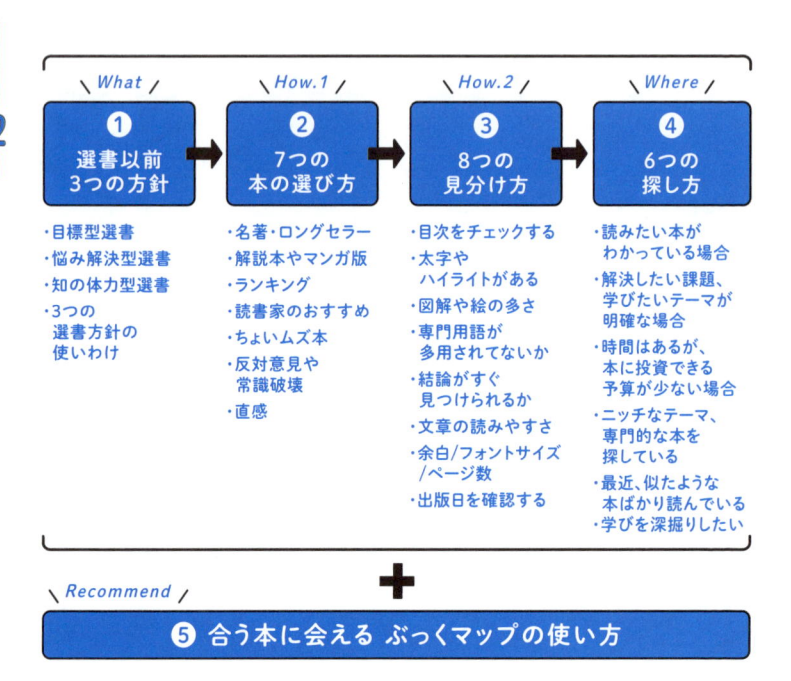

\ What /
❶ 選書以前 3つの方針
・目標型選書
・悩み解決型選書
・知の体力型選書
・3つの 選書方針の 使いわけ

\ How.1 /
❷ 7つの 本の選び方
・名著・ロングセラー
・解説本やマンガ版
・ランキング
・読書家のおすすめ
・ちょいムズ本
・反対意見や 常識破壊
・直感

\ How.2 /
❸ 8つの 見分け方
・目次をチェックする
・太字や ハイライトがある
・図解や絵の多さ
・専門用語が 多用されてないか
・結論がすぐ 見つけられるか
・文章の読みやすさ
・余白/フォントサイズ /ページ数
・出版日を確認する

\ Where /
❹ 6つの 探し方
・読みたい本が わかっている場合
・解決したい課題、 学びたいテーマが 明確な場合
・時間はあるが、 本に投資できる 予算が少ない場合
・ニッチなテーマ、 専門的な本を 探している
・最近、似たような 本ばかり読んでいる
・学びを深掘りしたい

＋

\ Recommend /
❺ 合う本に会える ぶっくマップの使い方

❶選書以前の３つの方針 ……… P.48〜

まずは、選書以前の「方針の決め方」を解説します。本を選ぶにも目的が重要です。はっきりさせてから選んだほうが今の自分に必要な本を選ぶことが可能となります。

❷学びを最大化する本の選び方 ……… P.78〜

実際に本を選ぶ際のポイントを解説します。闇雲に選ぶのではなく、

自分に合う本を見つけるためのコツがあるのです。

❸難しい本、簡単な本の見分け方 ……… P.85 〜

同じテーマ本でも、誰でも読めるような簡単な本から専門家でも読解が困難な本まで、難易度を見分けるコツを解説します。

❹自分に合う本の探し方 ……… P.93 〜

シーン別に、どこで探すと良い本に出会えるかを解説します。状況により、図書館や書店、オンライン書店を使いわけると、最短で良書にめぐり会えます。

❺ぶっくマップの使い方 ……… P.100 〜

私のオリジナル図解である「ぶっくマップ」を紹介します。2軸の図でおすすめ本を配置してあるので、どんな特徴なのかがわかり、直感で合う本に出会える図解です。使い方を解説していきます。

　以上となりますが、どんな分野を読めばいいかが知りたい人は「❶選書以前の3つの方針」から。

　実際の選び方が知りたい人は「❷学びを最大化する本の選び方」や「❸難しい本、簡単な本の見分け方」から。

　書店や図書館、ネット書店でどうやって探したらいいか知りたい人は「❹自分に合う本の探し方」から。

　というように、すべて読む必要はありません。好きなところから読んでいってください。

選書のポイントは「選書以前」にある

「さて、本を探す(選ぶ)ために書店へ行くか……」。実は、ここですでに欠けているものがあります。

ふらっと書店に立ち寄るのも、思わぬ本との出会いがあるかもしれない素敵な行動です。私もよく書店に行きます。

ここで言いたいのは、書店に行くときに**「偶然を楽しむ」**のか、**それとも「目的が明確になっている」**のかで、**選ぶ本が大きく変わってくる**ということです。

書店へふらっと行く行為は「偶然を楽しむ選書」ですが、目標達成に近づけるかはわかりません。あっと驚く本との出会いにより、人生が変わるキッカケになることもあるでしょう。一方、問題解決や未来に成し遂げるための「テーマを決めての選書」には「なんのために本を読むのか」という視点が重要になります。**偶然を期待するのではなく、もっと効率的に探す本の選び方も存在します。**

読書は「目的を持って読むのが大事」と、多くの読書術の本に書いてありますし、本書にも書いています。でも、私はそれを「本を選ぶときからはじまっている」ことだと経験から学びました。**目的を「本を読む前」に設定するよりも、「本を選ぶ前」に設定したほうが目指す位置により到達しやすくなる**のです。

書店で本を選ぶには必ず理由があります。その際に漠然とした思考、つまりは「なにか解決する方法はないか?」「面白そうな本はないか?」程度であれば思考の解像度が低いまま選書を行うことに

なってしまうのです。

かく言う私も、読書をはじめた頃は仕事で成果を出すため、書店では手当たり次第に本を手に取っていました。「コミュニケーションの本」「段取りの本」「文章力の本」など、自分に必要だと思える能力を得るため、パズルのピースを埋めるように本を選んでいました。でも、それで本当に身になったかというと、そうではありませんでした。これは、なにを解決するかを明確にしないまま、手当たり次第に対策をしているのと同じなのです。**問題解決は原因に対して対策を打つのがセオリー**ですが、私がやっていたのは原因とは関係ない対策をしていたのです。仮にそこで発見があったとしても、なかなか成果には直結しません。

これから解説する3つの方針を実践すると、「いま自分がどの基準で本を選んでいるのか（選ぶべきなのか）」が明確になります。

漠然とした思考の解像度を上げられ、より本選びに失敗しなくなるのです。限られた予算や時間で効果を上げたいなら、この「本の選び方」を必ず知っておきましょう。

その3つの方針とは、

・成し遂げたい目標に対して必要な本を選んでいく「目標型選書」
・悩みを解決するために必要な本を選んでいく「悩み解決型選書」
・自分の知識レベルを上げる「知の体力型選書」

となります。このどれか1つではなく、状況によって自在に使いわけられたら最高の読書体験が可能になります。

選書以前の技術①

目 標 型 選 書

〜最短で目標達成を実現する選書方針〜

「目標型選書」とは、まず自分の目標や学びのテーマを明確にする選書の方針です。目標を分解・細分化した過程に読書があり、必要な本が見えてくる。未来へ向かっていく「正」の読書となります。

あなたには、成し遂げたいことや目標はあるでしょうか？　会社でも目標管理制度があるところが多いと思います。現時点から1年後、3年後、5年後に達成したいことを言語化し、それを目指して計画していく。哲学者デカルトも『方法序説』（岩波書店）でこう言っています。"難問の1つ1つを、できるだけ多くの、しかも問題をよりよく解くために必要なだけの小部分に分割すること"。

大きな目標も、小さな目標や行動に分割することで、容易なものへ生まれ変わるのです。

ゲームを思い浮かべるとイメージしやすいです。ゲームには明確な目標があります（目的／目標がないゲームも中にはありますが）。特にRPGのようなゲームは、ラスボスを倒さないとエンディングを迎えられません。そして、目標を達成するには、主人公や仲間の強さ（体力や力などのパラメータ）が重要です。どのパラメータを上げるか？　どんな装備を選択するか？　で敵の倒し方も変わってきます。目的に到達するには、効率良くモンスターを倒してレベルアップをし、パラメータを上手に上げないと、ストーリーを進めることはできません。ゲームの追加要素として用意してあるミニゲーム

を極めてもラスボスは倒せないですからね。

　他にもゲームには知っていないとわからない武器や裏技があるかもしれません。そこで重宝するのが攻略本です。攻略法の知識があればゲームの難易度も下がりますよね。人生も同じです。人生を攻略するように本を選びましょうというのが「目標型選書」というわけです。

　そこでまずは、「達成のための要素」を洗い出しましょう。要素さえわかれば、自ずとどんな本を選べばいいのかが見えてきます。

　本には過去の偉人たちが人類の悩みを解決してきた膨大な知識が眠っています。その知恵を借り、目標を達成していくのです。

　具体的には次の5ステップとなります。

STEP.1 目的地を明確にする
STEP.2 必要な知識やスキルを分解する
STEP.3 優先順位を設定する
STEP.4 未経験の場合、できるならやってみて課題点を明確にする
STEP.5 知識やスキルを得るための本を選ぶ

STEP.1 目的地を明確にする

　まずどこに向かっていきたいのか、目的地を明確にします。すでに持っている人はその目的地を書き出しましょう。

　3年後でも1年後でも半年後でも構いません。自分が目指したい

姿を書いていきます。

ここからは、20代だった私がプログラマーからプロジェクトマネージャを目指した話を例にしていきたいと思います。

プログラマーとして、朝から晩までPCの画面とにらめっこしながら仕事に打ち込んでいた私。当時は「プログラマー35歳定年説」というものがありました。ITは技術の発達スピードが著しく、数年前の技術が使えなくなることが多々あったのです。年齢を重ねると、新しい技術をアップデートしづらくなり、35歳くらいになるとエンジニアとして使えなくなるといわれていました。これが「プログラマー35歳定年説」です（実際はそんなことはなく、50代を過ぎてもプログラマーとして活躍している人は大勢います）。

これを耳にしていた当時の私は、「このままで大丈夫だろうか……」という危機感を覚え、システムエンジニアを経て、プロジェクトマネージャになろうと決意したわけです。プロジェクトマネージャとは、システム開発のプロジェクトにおいて、予算や要員、納期の計画からシステム納入まで、品質、納期、成果物に対して全責任を持つ職種です。チームをマネジメントする能力やメンバー間や関係者との人間関係を構築するためのスキルを必要とします。

システムエンジニアとは、システムを利用するユーザーや顧客からのヒアリングをもとにシステムの設計を行う職種です。システムを構築するための論理的思考能力や、顧客から適切な要望を聞き出すためのコミュニケーションスキルが求められます。

当時の私はプログラマーで、システムエンジニアが作成した設計書をもとに実際にプログラミングをしていました。

そもそも名称が違うように、プロジェクトマネージャはプログラマーとはまったく別のスキルや知識も必要になってきます。

　プロジェクトマネージャを目指した私はまずは「システムエンジニア」を目指す必要があり、そのためにはまず、システムエンジニアとして足りない知識やスキルを明確にしていく必要がありました。

STEP.2　必要な知識やスキルを分解する

STEP.1 で目指したい場所を設定できたら、次に目標を達成するために必要な知識やスキルを分解していきます。

　具体的には、目標達成のための知識やスキルを洗い出すのです。私の例だと、システムエンジニアには下記のようなスキルが求められます。

・システムの設計技術
・プログラミングスキル
・コミュニケーション力
・データベースやネットワーク技術の知識

　このように洗い出すと、目標に必要な要素から、自分に足りない知識やスキルが見えてきます。

　とはいえ、どんな分野を学べばいいかわからない人もいるかと思います。次のページに一般的なビジネスパーソンに向けて細分化した図を作成してみましたので参考にしてみてください。

読書ジャンルマップ

社会人向け	何が悩みかわからない	仕事術を広く扱っている本
	問題解決ができない	論理思考力、水平思考力
	仕事の効率が悪い	時間管理、集中力
	人間関係を改善したい	心理学、聞き方、話し方、伝え方、小説
	やる気が出ない	自己啓発本、キャリア本
	会議/商談/プレゼン	話し方、伝え方、プレゼン本、交渉術
	上司/リーダーになった	リーダー本、マネジメント本
	ビジネス知識不足	マーケティング本、経済学、会計学、経営学
生活を改善したい	時間がない	時間管理、集中力
	行動できない	習慣術
	お金の悩み	お金の本、投資本
	健康的な生活をおくる	睡眠の本、メンタル、食事法
	学びの効率を上げたい	独学法、読書術
"知る"を広げる	問いを見出す	哲学、社会問題を提起した本
	世の中を知る	テクノロジー、ビジネス誌、新聞
	知識の幅を広げる	物理、科学、芸術、歴史、生物学、数学等
	専門知識をつける	専門書、現場での実践経験
	他者の経験をなぞる	自伝、伝記

STEP.3　優先順位を設定する

STEP.2 で必要なスキルや知識が洗い出せましたか？　ここで注意したいのが、必要なものを片っ端から身につけていくのには時間がかかってしまうという点です。また、必要と思っても実際は不要な知識もあるかもしれません。まずは、目指す目標のために必須

スキルがどれなのかを見定め、優先的に学んでいくことが重要です。

　先ほどの私の例では、必要な知識・レベルに対して次のような習熟度でした。

・システムの設計技術　→　10段階で5点
・プログラミングスキル　→　10段階で9点
・コミュニケーション力　→　10段階で1点
・データベースやネットワーク技術の知識　→　10段階で6点

　見てわかる通り、コミュニケーション力が圧倒的に足りていません。しかし、絶対に必要なスキルです。なぜなら、システムエンジニアは顧客やシステムのユーザーから要望を聞き出し、システムの仕様に落とし込む必要があるためです。ここをクリアしない限りは次のステップに進めません。

　よって、私の場合の最優先事項は「コミュニケーション力を身につけること」です。次にシステムの設計技術やデータベースやネットワーク技術の知識を身につける順となります。すべてを同時に身につけることはできません。優先順位をつけることにより、戦略的に学んでいけるようになるのです。

　しかし、当時の私は思いっきり優先順位をミスしていました。本来のキャリアパスとしては、プログラマー→システムエンジニア→プロジェクトマネージャと順を追ってステップアップしていくべきなのですが、いきなり「プロジェクトマネージャを目指すのだから」と、プロジェクトマネージャが知っておくべき「PMBOK (Project

Management Body of Knowledge：プロジェクトマネジメントに必要な要素を定義した知識体系）」の本を買って学び始めたのです。

　結果、概念はなんとなく理解したのですが、実践ではまったく役に立ちませんでした。プロジェクトマネージャには必要な知識ですが、プログラマーとしては優先度の低いものだったのです。これは、STEP.2 があいまいであったり、STEP.3 が戦略的ではなかったための起こってしまったミスとなりますが、多くの方が陥ってしまう落とし穴となりますので注意してください。

STEP.4　未経験の場合、できるならやってみて課題点を明確にする

　さて、STEP.3 で優先度の高いものを抽出できたので、いよいよ本を選ぶ……と思いきや、まだ選書はしません。未経験の分野の場合に限りますが、お試しでもいいので身につけたいスキルを実践してみてください。リスクの大きなことや、手をつけたら後戻りできないものであれば話は別ですが、大抵のものは軌道修正が可能なはずです。はじめてみると次の点に気づくはずです。

・理想と現実のギャップ
・現状の課題や不足要素

　課題がより鮮明に浮き彫りになることにより、解決するための本を選びやすくなるのです。さらに言うと、読書の際に問題意識を持

ちやすくなりますし、読んでいる最中も課題が明確なので学ぶ効率は段違いによくなります。

例えば、私の場合であれば、STEP.3 で「コミュニケーション力が不十分」だと思ったのなら、具体的になにが不十分なのかを明確にしていきます。実感する機会がなければ、練習でもなんでもいいのでチャンスをもらい、実践するのです。

過去の私はコミュニケーションが苦手で、人に説明するとき次のような問題がありました。

・声が小さい
・頭が真っ白になり、なにを話しているのかわからなくなる
・説明の順序がわからず、途中で混乱する

本当にコミュニケーションが苦手だったのがわかりますよね。もし課題点がわからなければ、上司や同僚に聞いてもいいでしょう。

ここまでできたら、後は簡単です。先ほどの課題点を対策する本を選べばいいのです。

・声が小さい
　→ 発声を良くするための本
・頭が真っ白になり、なにを話しているのかわからなくなる
　→ 緊張をコントロールする方法が書かれた本
・説明の順序がわからず、途中で混乱する
　→ 伝わりやすい説明をする方法が学べる本

そうはいっても実践できない課題点もあります。コミュニケーションは人と人がいれば発生します。日々の同僚や友人とのやりとりでもわかることだと思いますが、ある程度経験がないと実践の機会が得られないものや、そもそも知識ベースの学びである場合は難しいかとは思います。それでも可能な限り、実践スタートではじめることを意識してみてください。

STEP.5　知識やスキルを得るための本を選ぶ

ここでようやく本を選びはじめます。**テーマに沿った本を5冊選びましょう。**入門、名著、ベストセラーと幅広く選んでください。1冊ではない理由は、あなたにとってのハズレ本や合わない本を選んでしまっても、他の本でカバーできるためです。リスクを減らす意味で5冊あれば知識の穴を埋められ、バランスの取れた選書となります。

以上が「目標型選書」の5つのステップであり、これを実践することで、最短で目標達成を実現するための選書ができるのです。

慣れないうちは「なんだか面倒だな……」と思うかもしれませんが、これが結果として最短の道となりますし、私の過去の経験からも最も効率的な方法と断言できますので、ぜひ一度試してみてください。

なお、「そもそもなにを目指していいかわからない」や「やりたいことを見つけたい」という人におすすめの本があります。

＼ 目標達成を実現する ／
選書方針5つのステップ

STEP.1　目的地を明確にする

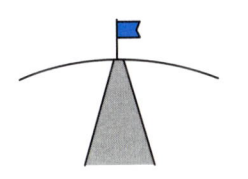

まずどこに向かっていきたいのか、
目的地を明確にする。
すでに持っている人は
その目的地を書き出す。

STEP.2　必要な知識や　スキルを分解する

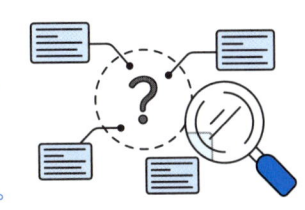

目標達成のための
知識やスキルを洗い出す。
すると、目標に必要な要素から、
自分に足りない知識やスキルが見えてくる。

STEP.3　優先順位を設定する

目指す目標のために
必須スキルがどれなのかを見定め、
優先的に学んでいく。

STEP.4　未経験の場合、できるなら　やってみて課題点を　明確にする

やってみることで課題が浮き彫りになる。
それにより、解決するための本が
選びやすくなる。

STEP.5　知識やスキルを　得るための本を選ぶ

テーマに沿った本を5冊選ぶ。
入門、名著、ベストセラーと幅広く選んでいく。

『世界一やさしい「やりたいこと」の見つけ方』（八木仁平・著、KADOKAWA）

この本を読めば「好きなこと」「得意なこと」「大事なこと」から自分のやりたいことを見つけられると思います。

ワークシートも用意しましたので書き込んで使ってみてください。

［ ワ ー ク シ ー ト ］ 目標型選書 ～最短で目標達成を実現する選書方針5つのステップ		
❶あなたの 目標は?	目標	
❷目標に対して 必要な知識や スキルは?	1	
	2	
	3	
	4	
	5	
❸どれを優先する?		
❹（優先した 知識や スキルに対して） どんな課題が ある?	1	
	2	
	3	
	4	
	5	
❺設定した課題を解決する本を5冊選ぼう!		

選書以前の技術②
悩み解決型選書
〜悩みを解消する選書方針〜

前項までの「目標型選書」が"未来"に目を向けた選書であるのに対し、「悩み解決型選書」は"現在"にスポットを当てています。その名の通り「今の自分の悩み」を解決するために必要な本を選んでいく方法です。

あなたには悩みがありますか？　人間、誰しも悩みがあるはずです。私にも当然あります。では、その解決策はどこにあると思いますか？

結論から言うと、すべて本の中にあります。人類は過去にあらゆる悩みを解決してきました。あなたの悩みの解決策も、すでに先人たちが体験していることです。当然、本の中に書いてあります。

体調不良のときをイメージするとわかりやすいでしょう。治そうと薬を選ぶ場合は、そのときの症状に合った適切な薬を選択する必要がありますよね。熱があるなら解熱剤、咳が出るなら咳止め薬を選ぶと思います。原因に直接対処するのが体調不良を治すのに有効な対策です。

このように、**悩みを起点に本を選ぶ技術が「悩み解決型選書」**です。ただし、原因がわからず薬が効かないこともありますよね。風邪の症状でエナジードリンクを一気飲みしても一時しのぎにしかなりませんし、下手したらさらに悪化します。読書も的外れな本を選んでしまっては効き目が薄くなってしまいます。なるべく「当たり

の本」を選ぶにはそれなりの準備が必要なのです。

　悩みからアプローチするのが、悩み解決型選書となります。目標型選書が未来へ向かっていく「正」の読書なら、悩み解決型選書は「負」の読書となります。

　悩み解決型選書は次の5ステップです。

STEP.1　悩みを書き出す
STEP.2　悩みを具体化する
STEP.3　ゴール設定をする
STEP.4　ゴールに優先順位をつける
STEP.5　現状とゴールのギャップを埋めるための本を調べ、
　　　　5冊選ぶ

　それぞれ詳しく解説していきます。

STEP.1　悩みを書き出す

　自分の悩みにはどんなものがあるか、まずは言語化しましょう。どんなものでも構いません。とにかく紙に書いていきます。問題解決においては、問題を解決することよりも、どの問題を解決するかを見極めるほうが大事だといわれています。

　実は書き出すだけでも、自分を客観視でき、自己洞察が高まる効果があります。ここでは「仕事に行きたくない」という悩みを例に進めていくことにしましょう。

STEP.2　悩みを具体化する

　悩みは書き出せたでしょうか？

　次にやることは、洗い出した悩みの具体化です。先ほど決めた「仕事に行きたくない」という悩み。これでは漠然としすぎてどこから手をつけていいかわかりません。そこで、「なぜ？」と問いかけてみてください。より具体的な悩みになるはずです。

　「なぜ仕事に行きたくないのか？」は次のように分解できます。

・残業が多い
・給料が低い
・上司と合わない
・疲れが取れない
・残業で寝るのが遅くなり、太った
・苦手な同僚がいる
・通勤時間でプライベートの時間が取れない
・深夜勤務が合わない

　1回の「なぜ？」であいまいな場合は、再度「なぜ？」を問いかけてください。より具体的な悩みが見えてくるはずです。

STEP.3　ゴール設定をする

　具体的な悩みが見えてきたら、次に「悩みを解決できた、ありた

い姿」を考えてみてください。どうしたらその悩みが解消できると思いますか？

　先ほどの「仕事に行きたくない」の悩みを例にすると、次のようになります。

・残業が多い → 残業を150時間から20時間に減らす
・給料が低い → 月の収支を3万円の黒字にする
・上司と合わない → 人間関係を改善または関わらない方法をとる

　ゴール設定により、最初に書き出した「負」が明確になったのではないでしょうか。

STEP.4　ゴールに優先順位をつける

　ここでとりあえず片っ端から解消していこうと思うかもしれませんが、少し待ってください。一度に複数の悩みを解決できるほど、人間は器用ではありません。

　ゴールに優先順位をつけ、一番悩んでいるところに焦点を当てることが重要となります。

　判断基準は「緊急かつ重要な悩みか」「解決することで他の悩みも解消する問題か」「解決できそうな問題か」の3つです。

▶ 緊急かつ重要な悩みか

悩みが急を要するものかどうかを考えてみてください。例えば日

程が決まっているものです。「プレゼンで登壇するがどうしていい
かわからない」「初勤務を控えており、転職先では自分の知らない
知識が求められている」などがあげられます。対策するかしないか
で明暗がわかれるものは、判断基準としておきたいところです。

▷ 解決することで他の悩みも解消する問題か

　複数あげた悩みにも、関連のあるケースが存在します。例えばこ
の2つ「仕事が忙しく、残業が多い」「最近、体調があまり良くない」
は、残業のしすぎでストレスが溜まり、結果的に体調が悪化してし
まった可能性があります。この場合は、残業を減らすことで、体調
の悩みも解消する可能性が高いですよね。問題は根本を叩くのが効
率の良い対処法になるのです。

▷ 解決できそうな問題か

　中には自分だけでは解決が難しい問題が混ざっているかもしれま
せん。お金や時間がなく難しいのか、スキルや能力がないのか、制
約があると解決までの道のりは遠くなります。解決が難しい問題は、
対処可能な問題と比較した場合、優先度を低くしても良いでしょう。

STEP.5　現状とゴールのギャップを埋めるための本を調べ、5冊選ぶ

　設定した悩みを解消するため、ゴールに近づくための本を調べて
いきます。

この時に注意したいのが、「悩みの粒度」が適切かどうかです。

例えば、「残業が多いので、残業を150時間から20時間に減らす」といった内容の場合「どこから手を付けていいかわからない」とならないでしょうか？　まだ「悩みの粒度」が大きい証拠です。

ここでさらに原因を深掘りする必要があります。

〈そもそも残業が多い原因は？〉
仕事量が多いのか？
仕事の効率が悪いのか？
チームや環境に原因があるのか？

など、原因はさまざまです。

もし原因を考えてもわからない場合は、この段階で本を探すのも選択肢として良いでしょう。「残業を減らす方法」のような本も世の中にあります。この場合、問題を細分化できていないので、広く浅い内容にとどまってしまう可能性はありますが、本の中から問題の原因を見つけられる場合もあります。

「悩みの粒度」が適切になったら、「目標型選書」と同様にテーマに沿った本を5冊選んでいきます。

その方法は「目標型選書」と同様になりますので、ここでは割愛します。

＼ 悩み解決型選書 ／
悩みが解消する選書方針５つのステップ

STEP.1

悩みを書き出す

例）仕事に行きたくない

STEP.2

悩みがあいまいな場合は
具体化する

仕事に行きたくない

具体化 →
残業が多い
給料が低い
上司と合わない

STEP.3

整理した悩みに対して
ゴールを設定する

残業が多い ⟹ 残業を150時間から
20時間に減らす

給料が低い ⟹ 月の収支を3万円の黒字にする

上司と合わない ➡ 人間関係を改善または
関わらない方法をとる

STEP.4

ゴールに優先順位をつける

解決できそうな問題か

緊急かつ重要な悩みか

解決することで
他の悩みも解消する問題か

STEP.5

現状とゴールのギャップを
埋めるための本を調べ、
5冊選ぶ

ゴールが明確になれば、
あとはその解決策を探しにいく
ステップへ。ギャップを
埋められる本という観点で
調べよう。

「悩みを具体化する」ができていない場合

「残業が多いので、残業を
150時間から20時間に減らす」

↑

悩みが抽象的でどこから
手をつけていいかわからない

原因を深掘りする

─ 仕事量が多いのか？
─ 仕事の効率が悪いのか？
─ チームや環境に原因があるのか

わからない場合は、
この段階で本を探すのもOK

「残業を減らす方法」のような本も存在する

さて、悩みにはいろんな種類があります。

これまで紹介した方法は、現状の課題を解決するために適した方法です。

深い悩みによりメンタルにダメージがある人には向いていません。

そんな人におすすめの本があります。

『言語化の魔力』(樺沢紫苑・著、幻冬舎)

この本を読めば悩みを解決するのではなく「解消する」という手法で悩みが消えていくでしょう。

最後にまたワークシートを用意しました。書き込んで使ってみてください。

［ ワ ー ク シ ー ト ］
悩み解決型選書 〜悩みが解消する選書方針5つのステップ〜

❶ あなたの悩みは?

---

❷ 悩みを具体化していこう

➡

➡

➡

➡

➡

❸ 悩みに対して、どのような状態なら解消する?

---

❹ ③の中で一番解消すべきはどれ?

＼ 判断ポイント ／
・緊急で重要な悩みか
・解決することで他の悩みも解消する問題か
・解決できそうな問題か

---

❺ ギャップを埋めるための本を5冊選ぼう!

選書以前の技術③

知 の 体 力 型 選 書

～視野を広げる選書方針～

　私が読書をはじめた頃、自己啓発書ばかりを手に取っていた時期がありました。読むとエネルギーになり、やる気が満ちてくるんですよね。

　そんなとき、ふと自分の本棚を見て気づいてしまったのです。**「似たような本ばかりが並んでいるなぁ……」**と。本棚にある書籍の傾向がそのまま知識や価値観となっていると思います。

　その当時は自己啓発書の考えに極端に偏っていたので、頑張っていない人を見ると「そんなにチャンスがあるのになぜ頑張らないのだろう？」と考えてしまう思考に陥っていました。

　同じジャンルの読書は知識が蓄積されているため、スラスラ読めてしまいます。楽しいものですが、その一方、偏りのある選書となってしまうのは否めません。

　これからお伝えしていく「知の体力型選書」は、自分の知識レベルを向上させるためのアプローチであり、これまで説明してきた「目標型選書」や「悩み解決型選書」とは一線を画しています。この方法は、自分の専門分野だけでなく、**関連のない分野や一見役立ちそうにない本を選ぶスタイルの選書**となります。

　あなたの部屋の本棚を見てみてください。昔の私と同じように選ぶ本に偏りはないですか？　同じジャンルの本ばかりに手を伸ばすのは、自分の得意を追求する面がある一方、新しい視点や知識の幅

が広がりにくいデメリットもあります。「知の体力型選書」は、自分の領域を広げられる選書の方針なのです。

「そんなに遠回りする意味はあるのか？」といった疑問が生じるかもしれません。「知の体力型選書」では、すぐに実践できる知識だけでなく、徐々に自分の考え方や行動に影響を与える知識、効果があります。

この方法の特徴は、即効性や具体的な役に立つ感覚がなくても、じわじわと自分の知の体力が向上していく点にあります。読んだ本が直ちに現実で役立つわけではないかもしれませんが、**読書を通じて少しずつ変化が現れ、自分の知識の土台が固まっていく**のです。「知の体力型選書」は、「未知の未知」を「既知の未知」に変え、「既知の既知」に変えていく選書方針です。読書を通じて自分が知らなかった領域を知り、知識が積み重なっていきます。結果、知識同士が結びつき、新たな洞察が生まれ、創造的なアイデアが芽生えることもあります。

この「知の体力型選書」は、選んだ本を読む明確な目的がありませんし、すぐに役立つことがないかもしれません。それでも学んでいくのは、体力のように長期的な視点で自分の底力を高められるからです。「知の体力型選書」は、いうなれば「探究」の選書方針です。

では、「知の体力型選書」の具体的な方法を3つ解説していきます。どれを選んでもOKです。自分に合う方法を試してみましょう。

①趣味や好きなジャンルを「歴史」から深掘りする

好きなことや分野の「歴史」を学ぶ方法です。コーヒー好きなら「コーヒーの歴史」、会計好きなら「会計の歴史」など、**どんなものにも人が関わっている限りは歴史があります。**

歴史の切り口で学ぶメリットは、歴史的なイベントと関連付くことです。人は、知識と知識を関連付けて学んだほうが記憶力にも良い影響があるのは前章でも解説しました。その点において「歴史」はメリットの多いジャンル選定なのです。

例えば「会計に詳しい」「興味がある」なら、『会計の世界史』(田中靖浩・著、日本経済新聞社)を読むといいでしょう。会計だけでなく、簿記の起源である15世紀イタリアの世界から現代まで、なにが起きていたのか、どんな人物がいたのかを学ぶことができます。

②「教養本」からスタートする

最近だと『教養としての○○』という本が流行っています。

ここでのポイントはその流れに乗り、なんでもかんでも学ぼうとしないことです。欲張れば欲張るほど1つの分野の学びが薄くなります。なんでも展示してある博物館に行くようなものです。土偶や絵画、古代の歴史、物理や素粒子のこと、宇宙の展示がごちゃまぜであるなと思ったらそのすぐそばに恐竜がいたり金魚がいたりしたらもうカオスですよね。すべて学ぼうという気は起きません(それはそれでインパクトはありますが)。

そうではなく、1つのテーマに絞った博物館のほうが記憶に残りますし、深掘りしていけるのです。

あなたが「面白い！」と思った分野の『教養としての○○』を選んでみましょう。

③鉄板のおすすめジャンルから入る

私もこれまでにたくさんの本を読んできましたが、その中で、自分の視野を広げるために特におすすめのジャンルがあります。

以下の5ジャンルは、どれも自分の生活やビジネスにも転用しやすいため、「自分ごと」にしやすい特徴があります。読書へのモチベーションを保つ意味でも良いでしょう。

鉄板のおすすめジャンル1 … 心理学

人間の心や行動、心理的なプロセスに焦点を当てた学問です。コミュニケーションの本は主に心理学をもとにしているため、実生活にも役立つ学問となっています。

学べば、自分自身や他者の行動や感情、思考に対する理解を深めるのに役立ちます。人間関係の悩みの解消にも繋がるでしょう。

鉄板のおすすめジャンル2 … 科学

科学は、人間も含めた自然の現象についての知識を体系化した学問です。観察可能な事実やデータに基づいて仮説／検証をし、その結果から理論を構築していきます。

他の分野や日常生活にも転用が可能です。最も身近なのは、脳科学です。脳の仕組みの理解により、勉強に役立てることができるでしょう。

鉄板のおすすめジャンル3… 哲学

哲学は、「人間とはなにか？」「存在とはなにか？」のように、価値観や意味に関する根本的な問いについて、深く考える学問です。

そのため、非常に抽象的であり、取っつきづらくはありますが、論理的な思考力を高め、批判的思考能力が身につき、多様な視点を得ることができます。

ものごとを考えるときにおいて、先人の思考パターンを転用することで、新たなアイデアや、より深い思考への助けになるでしょう。

鉄板のおすすめジャンル4… 歴史

歴史というと、年号を覚えたり人物を覚えたりして大変という印象はないでしょうか。もちろんそういった面もありますが、社会人が学ぶ意義は他にあります。

それは、未来予測の精度を上げられること。

歴史は人間が作っています。かつ、人間の心理はそう変わることはありません。「歴史は繰り返す」とよくいいますが、人間の心理が変わらないのが一番の理由です。過去と同じような行動を起こすということは、未来にも同じような結果を引き起こす可能性が高いのです。

よって、過去を知れば未来に起きることも想像できます。更には

過去の事象を一般化し、法則を導き出すこともできるでしょう。

鉄板のおすすめジャンル5 …（経済学）

　経済を学ぶことで、社会に対する洞察を得ることができます。経済ニュースがわかるようになり、世の中の動きが見えてきます。例えば最近だと、日本円はドルに対して価格が下落傾向にありますよね。ここから想定されることは日本企業からイノベーションが起きておらず、競争力が落ちているという仮説が立てられるでしょう。

　これが原因の1つだとすると、今後も円の価値は下がり続け、将来的には更なる円安が進む可能性があります。仮にこんな予測ができたなら、円ではなくドルで持ったほうが資産価値の下落が防げるとなります。

　このように経済を知ると、未来予測が可能になり、先回りして行動ができる思考が身につきます。

知の体力型選書
〜視野を広げる選書方針3つの方法〜

関連のない分野や
一見役立ちそうにない本を選ぶスタイルの選書

じわじわと自分の知の体力が向上していく読書を通じて少しずつ変化が現れ、自分の知識の土台が固まっていく選書スタイル

---

① 趣味や好きなジャンルを「歴史」から深掘りする

どんなものにも人が関わっている限りは歴史がある。歴史の切り口で学ぶメリットは、歴史的なイベントと関連付くこと。

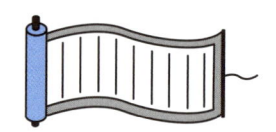

---

② 「教養本」からスタートする

興味のある分野の入門者向けの本から入る。なんでもかんでも学ぼうとせず、「面白い！」と思った分野から選べばOK！

---

③ 鉄板のおすすめジャンルから入る

視野を広げるために特におすすめのジャンルから選ぶ。鉄板のおすすめジャンルは右の通り。

科学

心理学　歴史

哲学　経済学

「目標型選書」「悩み解決型選書」
「知の体力型選書」をどう使いわけるのか

　本章で紹介した３つの選書以前の技術について、どれをやったら
いいかわからない。そんな人は、「目標型選書」または「悩み解決
型選書」を優先しましょう。「知の体力型選書」は余った時間を割
り当てるのが良いでしょう。

　若いうちは仕事の悩みが多い傾向にあるため、「悩み解決型選書」
がメインになりますが、年齢を重ねると仕事の悩みはなくなってい
きます。

　結果的に、「目標型選書」か「知の体力型選書」の割合を増やし
ていけるでしょう。

誰でもすぐできる「学びを最大化する」 7つの本の選び方

これまで見てきた通り、選書は本を選ぶ前の準備が最も重要です。本書で示した3つの選書方針により、自分の選ぶべき本が明確になったとしても、それを使って実際に自分に合った本を選べるかどうかはまた別の話です。「この本が本当に自分に合っているかわからない」と迷われる方も多いでしょう。

そこで、本項では「誰でもできる本の選び方」を7つ紹介していきます。

選び方① 「名著」「ロングセラー」から選ぶ

まず間違いないのは名著・ロングセラーから選ぶことです。令和4年の日本国内の刊行点数は66,885冊となっています。しかし、書店に並ぶのはごくわずか。ほとんどの本は、知られないまま消えていきます。そんな中、ずっと書店に置いてある本。つまり「名著」は多くの人に支持されてきた良質な本なのです。当然、あなたにも学びがある確率は高いでしょう。

何度も書店に足を運ぶとわかってくるのですが、ロングセラー本はどんなに本の入れ替わりが起きようと、長く書店に置いてあります。そうはいっても詳しくない分野の本を見定める場合もあるかと思いますので、選び取るための具体的な方法を紹介します。

▷ ネット検索する

　「〇〇 ロングセラー」というようにキーワード検索してみてください（〇〇は「ビジネス書」等、どんな本かを設定する）。長年、多くの人が読んでいる本が紹介されています。

▷ 巻末の発行年月日を確認する

　「発行年月日の古い本」「版数が多い本」は、名著やロングセラーである確率が高いです。確認の方法は簡単。発行年月日は、巻末の初版の日付に注目してください。版数は、〇〇版と書かれている部分です。増版した回数が書かれており、増版している本は、それだけ長い間売れていることがわかります。発行年月日が古く、増版している本がロングセラー本の傾向にあります。

選び方②　「解説本」や「マンガ版」から選ぶ

　先ほど「名著から選ぶ」と紹介しましたが、中には読みづらい本や難しい本も存在します。「読んでみたら難しくて挫折してしまった」そんな経験はないでしょうか？　私も何度も経験しています。わかりづらいのには理由があります。

・1文が長く、回りくどい表現である
・歴史的背景を知らないと理解できない
・具体例が共感できない

このような理由により挫折してしまった人は、まず解説本やマンガ版から選んでみましょう。解説本には、当時の状況や歴史的背景が丁寧に説明されているため、より頭に入ってきやすいように作られています。

マンガ版は**「本のタイトル　マンガ」でネット検索**すると、出てきます。解説本やマンガ版を読み、更に深掘りしたいときには、原書を手に取ると良いでしょう。

選び方③　「ランキング」から選ぶ

書店のランキングから選ぶ方法です。売上ランキングなら、今なにが売れているかがわかります。売れているのには必ず理由があるのです。販売プロモーションに力を入れているのかもしれませんし、SNSで話題になったのかもしれません。口コミにより広がったのかもしれませんし、思わず手に取りたくなる表紙なのかもしれません。

ただし、**売れているからといってあなたにとって合う本とは限りません**。ハズレを引きたくない場合は、書店での試し読みをしてみてください。

もう1つ、おすすめの探し方があります。**Amazonの「人気ギフトランキング」から選ぶ方法**です。Amazonには、購入した商品を相手に贈る機能があります。人気ギフトランキングとは、ギフト機能を利用して注文されたランキングです。

なぜ売上ランキングではなく、ギフトランキングなのかわかるでしょうか。多くの人が、相手へのプレゼントにしたいほど読んで良

かったと評価した本だからです。ハズレ本を引きたくない人におすすめの方法となります。

選び方④ 「読書家のおすすめ」から選ぶ

　読書家がおすすめする本から選ぶ方法です。**多くの本を読んでいる読書家が選ぶだけあって、良書である可能性は高いでしょう。**

　ただし、注意点もあります。数々の本を読んでいるだけあって、難しい本も読めてしまうのが読書家です。中にはあなたには理解できない本も混ざっている可能性もあります。心配な場合は、やはり自分で中身を確認してから本を購入するようにしましょう。

選び方⑤ あえて「ちょいムズ本」から選ぶ

　自分の現在のレベルよりも少しだけ難しい本を選びます。筋トレを例にすると、はじめはちょうど良かった5kgのダンベルも、筋力がついたら10kgに挑戦しますよね？　これが、空のペットボトルで筋トレしてもまったく筋力はつきません。別の例では目標管理も同じです。少しだけ挑戦的な目標を設定すると人は成長します。読書も自分のレベルよりもちょっとだけ上の本を選びます。

　読みやすい本や苦労なく読める本ももちろん時短には良いでしょう。しかし、より知識レベルや読解力をつけたいなら、**自分のレベルよりも少しだけ難しい本を読んだほうが成長速度を上げられます。**

　圧倒的に難しいものでは挫折してしまいますし、楽にクリアでき

るものでは成長はありません。「少し難しいくらい」がちょうど良いのです。「読めた」と思えると自信がつきますし、読める本も増えていきます。

選び方⑥ 「反対意見」や「常識破壊」の内容が書いてある本を選ぶ

「これ知っているし、この内容も知っている。やっぱりそうだよね？」同じ分野の本を複数冊読んでいるとこんな感情になることはありませんか？　特にビジネス書に書いてある内容は、似通った内容になりがちです。

しかし、世の中には正反対の主張の本やこれまでの常識に異を唱える本も存在します。

そんな本を見つけたら読んでみてください。あなたが信じていることとは正反対の内容だとしてもです。

時には自分が否定されたかのように感じ、心に刺さることもあるでしょう。それでも読む理由は、**視点が増え、よりいろんな角度でものごとを見られるようになる**からです。

例えば、「どうやったら効率的にタスクをこなせるか？」といった類の本がある一方で、「効率ばかり追い求めると陥ってしまう落とし穴」を主張している本も存在します。効率化の本だけを読んでいては気づかなかった視点が得られ、行動や価値観が変わるかもしれません。

最初は「どっちだろう」と混乱するかもしれません。それぞれの

本を読んでいると「たしかに」と思うこともあるでしょう。

異なる視点や意見を自分に入れることで、**世の中の見え方も変わってくる**のです。

選び方⑦　直感で選ぶ

図書館や書店で目についた本を手に取り、直感に従って選ぶ方法です。

表紙のデザインやタイトル、本をパラパラめくり、自分が気になると感じた本を選びます。

時には失敗もありますが、**思いも寄らない運命の一冊に出会う可能性**もあります。新しい視点を得られる本かもしれませんし、新たな行動のキッカケになる本かもしれません。

\ 誰でもすぐできる /
学びを最大化する7つの本の選び方

選び方①	「名著」「ロングセラー」から選ぶ

名著は多くの人に支持されてきた良質な本
「〇〇 ロングセラー」とネット検索する
巻末の発行年月日を確認する

選び方②	「解説本」や「マンガ版」から選ぶ

マンガ版は「本のタイトル マンガ」でネット検索

選び方③	「ランキング」から選ぶ

Amazonの「人気ギフトランキング」から選ぶ

選び方④	「読書家のおすすめ」から選ぶ

多くの本を読んでいる読書家が選ぶだけあって、
良書である可能性は高い

選び方⑤	あえて「ちょいムズ本」から選ぶ

自分のレベルよりも少しだけ難しい本を
読んだほうが成長速度を上げられる

選び方⑥	「反対意見」や「常識破壊」の 内容が書いてある本を選ぶ

視点が増え、よりいろんな角度でものごとを見られ、
世の中の見え方も変わってくる

選び方⑦	直感で選ぶ

思いも寄らない運命の一冊に出会う可能性も

はじめて・苦手

詳しい・得意

レベルの合わない本を選んでしまう人のための「難しい本、簡単な本の8つの見分け方」

　ここまでで、「本の選び方」として、選書の方針を決め、実際に本を選ぶときのポイントも把握できたかと思います。ポイントを掴むことで、「当たり本」に出会える確率は高まります。

　次に注意したいのは、その本があなたにとっての当たり本かどうかは、「現在のあなた次第」の部分があるということです。世界的な名著であっても、難解で理解できなければ1つも身にならない、合わない本と言えるからです。

　私にも読めない本があります。「カッコいいから」というだけで購入した本が本棚に眠っています。いつか、起こすときが来る日を待ちわびて……。

　あなたにとって最適な本は、今のあなたに理解できる本だといっても過言ではありません。

　そこで、自分に合った難易度を判断するための8つの見分け方をお伝えしていきます。

見分け方.1　目次をチェックする

　目次から内容が想像できるかチェックしてください。**本の全体像が掴めるため、内容を把握しやすくなります。**中には、どの章になにが書いてあるか想像できない目次も存在します。

全体がわからない状態は地図なしで知らない土地に行くようなものです。理解しやすさを決める要因に、目次は大きな役割を担っています。

全体観がわかる目次は、本の構造を頭に入れやすいため、内容の理解に役立ちます。結論や解決策のある目次は、どこを読むべきか当たりをつけやすいでしょう。

見分け方.2 ## 太字やハイライトがある

親切な本は、あらかじめ重要箇所に太字やハイライト(線)で目立たせています。目に留まりやすくなるため、**重要箇所を容易に把握することができます。**

本をパラパラとめくって、太字やハイライトが引いてあるかチェックしてください。ポイントだけを読み、要点が掴めると、本の内容を理解するのに役立ちます。

見分け方.3 ## 図解や絵の多さ

図解や絵があること。主なメリットは2つあります。

1つ目は、重要なポイントを理解しやすくなる点です。文章を図解にする過程で枝葉の情報を削ぎ落とすため、必然的に重要なポイントだけが残ります。視覚的な要素を活用することで、言葉だけの説明よりも迅速に理解しやすくなります。

2つ目は、全体観を掴める点です。矢印や各要素の関係がわかる

のが図解の特徴。数千文字の情報であっても、図解にすれば全体を表現できます。

　活字に苦手意識のある人は、ふんだんに図解を盛り込んでいる本を選んでみてください。

見分け方.4　専門用語が多用されていないか

　わからない用語が多用されてないか？　使われていたとしても、解説があるかをチェックしましょう。知っているなら良いですが、**当たり前のように専門用語が使われていると、内容を理解するのに時間がかかります。**

　試しに次の文章を読んでみてください。

〈専門用語を使用した場合〉

マイクロサービスアーキテクチャとは、モノリシックなアプリケーションの代わりに、複数の小さな疎結合なサービスにアプリケーションを分割するアーキテクチャです。モノリシックな構造では、1つの機能の変更がアプリケーション全体に影響を及ぼす可能性がありますが、マイクロサービスアーキテクチャでは相互に疎結合であるため、変更が局所的で、影響が限定的であるメリットがあります。

〈専門用語を使用しない場合〉

マイクロサービスアーキテクチャとは、アプリを細かい部品に分けることです。大きな部品にしてしまうと、1つ変更するだけでもア

プリに大きな影響が出ますが、小さく分けていると影響が少なく、手入れしやすいのです。これにより新しい機能を付け加えやすくなるメリットがあります。

専門用語だらけだと、読みづらくはないでしょうか。用語がわからず、意味が通じないからです。その道の専門家であれば問題ありません。しかし、知らない人が読む場合は調べながらでないと理解できず、非効率極まりないのです。

見分け方.5 結論がすぐ見つけられるか

「結論をすぐ見つけられるか」それがあるだけでも読みやすさは変わってきます。伝えたい内容は、結論から話すとわかりやすくなるのは、どの伝え方の本にも書かれています。

上司にわかりづらい報告をしてしまうと「結論から言って」と言われることはありませんか？　結論をいつまでも言わないと「なにを伝えたいのかわからない」と思われてしまうかもしれません。

わかりやすい話し方の型として「PREP法」というものがあります。Point：結論、Reason：理由、Example：具体例、Point：結論の順で話すと、相手に伝わりやすくなる型です。どれも伝え方についての例ですが、裏を返せば理解するための順序でもあります。

まず結論から知ることの重要性を理解いただけたでしょうか。読書でも同じです。**結論を見つけやすい本は理解しやすい本**となるのです。

結論が書かれている本には以下のパターンがあるので、チェックしてみましょう。

▷ 目次に結論が書かれている

　[見分け方.1] でも目次の重要性を解説しました。結論が目次に書かれていれば、本文を読まずともどんな内容か把握するのが容易です。

▷ 章の最後に「まとめ」が書かれている

　最近の本の特徴として、章の最後にまとめが書かれている本が多数出版されています。本の内容を箇条書きでまとめているケースを多く見かけます。見分け方としては、目次にまとめが載っているか？章の最後を開き、まとめが書かれているかチェックしてみてください。

▷ 本の最後または終盤に「本の内容のまとめ」が書かれている

　本の最後に全体のまとめが書かれているパターンもあります。翻訳書の場合、分量の多い本が多く、かつ結論は最後まで読まないとわからない場合が多くあります。事例が豊富で「どこに結論があるのか」と迷子になってしまう人も多いのではないでしょうか。

　そんな翻訳書にも、結論をまとめている本があります。最終章にあるケースが多いです。翻訳書を開く際はまず最後のほうを探してみてください。グッと読みやすくなるはずです。

見分け方.6　文章の読みやすさ

　当たり前かもしれませんが、文章自体の読みやすさは難易度に直接関係します。わかりづらい文章は読解力が試されるのです。試しに次の文章を読んでみてください。

"われわれによって為される事柄の中に、われわれがそれ自身のゆえに望み、ほかの事柄をこの事柄のゆえに望むような、なんらかの目的があるとしてみよう。"
※『ニコマコス倫理学(上)』光文社古典新訳文庫より

　最難関な文章ではないにしろ、回りくどい言い回しで、読みづらかったのではないでしょうか。では次の文章を読んでみてください。

"私たちの行いは、それが自分のために欲しいものである。同時に他のなにかを選ぶ理由でもある。そう考えてみてください。"

・1文が短い
・主語と述語が近い

　同じ意味でもこれだけ読みやすさは変わってきます。本を選ぶ際は「文章が理解できるか」も重要なポイントとなります。

見分け方.7 | 余白・フォントサイズ・ページ数

　文字の大きさやページ数、余白の多さにより読みやすさは大きくは変わりません。しかしながら、これらを兼ね備えた本はそうでない本と比べ、圧倒的に速く読むことができるため、**心理的負担が少なく済みます。**パズルの完成品のように文字がぎっしり埋まっている1ページと、適度に改行のある1ページでは、かかるプレッシャーは雲泥の差です。

　数で比較すると一目瞭然です。次の2冊を比較すると文字数は5倍も違います。

・全200ページで、1ページあたり約300文字の本

　→200ページ × 300文字 = 60,000文字

・全400ページで、1ページあたり約800文字の本

　→400ページ × 800文字 = 320,000文字

　後者の本を読破するのは、前者の本の約5冊分に相当します。1冊読もうと思ったとき、明らかに前者の本を読むハードルは低いでしょう。

見分け方.8 | 出版日を確認する

　傾向として、**最近出版された本はわかりやすい本の特徴を満たし**

ているケースが多いです。書店や本の売上が縮小していく中、ネットやSNSに慣れている人をターゲットにしているのが背景にあるのかもしれません。

　もちろんすべてではありませんが、選書の参考になるでしょう。

　いつ発売されたのかを確認する方法があります。本の最終ページ付近に「第1刷発行」と書かれているページがあります。そこにいつ出版されたかが載っています。

[難 し い 本 、 簡 単 な 本 の 8 つ の 見 分 け 方]

	難しい本	わかりやすい本
目次	書いてある内容が予測できない	書いてあることが予測できる
文字の装飾	太字やハイライトがない	太字やハイライトがある
図解	文字のみ	多く使っている
専門用語	知っている前提で極力使わない	使う場合は解説がある
結論の見つけやすさ	結論が見つけづらい	目次やまとめに結論が書かれている
文章	1文が長い文章が硬い	1文が短い親しみやすい文章
余白/ページ数・文字サイズ	余白が狭いページ数が多い文字が小さい	余白が広いページ数が少ない文字が大きい
出版時期等	翻訳本/古典	最近の本

本の探し方の最適解

　ここまででどんな種類の本があり、どんな本を選べばいいかわかったかと思います。本章の最後に、どの場所で探せばいいかを解説します。私がこれまでにリアル書店、ネット書店、図書館、サブスクリプションサービス、すべて試して導き出した最適解となります。

状況1 読みたい本がわかっている場合

　読みたい本がわかっている場合は、ネット書店が良いでしょう。書籍名を検索すればすぐに出てきます。

　書店で購入する場合だと、書店までの道のりや店舗で探す必要があるので時間がかかります。場所にも寄りますが、行って購入して帰ってくるだけでも1〜2時間かかってしまいます。

　書店は試し読みができるなど、利点もありますが、時間の観点だけを考えたら、ネットが最強です。更に言うと、電子書籍ならダウンロードしてすぐに読めます。

　これほどの時短はありません。もし、買うと決めた本ならばネットの活用はすべきです。

状況2 解決したい課題、学びたいテーマが明確な場合

　本章の最初に紹介した「目標型選書」「悩み解決型選書」「知の体

力型選書」で述べた選書前の準備で明確になっている人が対象です。次の３つの探し方がおすすめとなります。

▷ 書店に足を運ぶ

ネットではなく、書店に足を運ぶ理由は、棚を俯瞰して見られる点です。例えば100冊の本から選ぶ際も、リアルなら棚をザッと見ることはできますが、ネットでは画面サイズが限られているため、そうもいきません。

▷ ネット検索する

「○○　おすすめ本」で検索をします。書評ブロガーのおすすめ本を知ることができます。

▷ ブックガイドを利用する

ブックガイドとは、本を紹介している本です。信頼する人が書いているのなら、紹介されている本を地図のように使っていくのも良いでしょう。

状況3 時間はあるが、本に投資できる予算が少ない場合

本はコスパが良いとはいえ、予算が少ないとなると「選書に失敗できない」と感じているのではないでしょうか。以下の３つがコスパの良い方法です。

・図書館を利用する

・古書店を利用する

・サブスクリプションサービスを利用する

▷ 図書館を利用する

　図書館は無料で読めますし、10 〜 20冊ほど借りることもできます。

▷ 古書店を利用する

　古書店は世に出回った本を格安で購入できます。更には新刊の書店には置いていない掘り出し物が見つかるかもしれません。宝探しのようなワクワク感があるのも魅力です。

　ただし、発売からしばらく経った本は情報が古い場合もあります。テクノロジー系の本など、変化の激しい分野の本を購入するのは注意してください。

▷ サブスクリプションサービスを利用する

　サブスクは、何冊読んでも電子書籍が読み放題になるサービスです。代表的なサービスは、AmazonのKindleunlimited。月980円（2024年7月時点）という安さなので、10冊読めば1冊あたり100円未満という超低コストで読めます。ただし、次の3点については注意が必要です。

注意点 ❶ 読み放題対象の本は限られている

その範囲で読むのならコスパ最強ですが、新刊が含まれていることはほぼありません。

注意点 ❷ 使わないサービスはお金の無駄になる

サブスクは毎月自動でお金がかかります。使わなくなったら忘れずに解約しましょう。

注意点 ❸ 解約したら読めなくなる

サブスクサービスは契約している最中にしか読むことができません。解約してしまったら読み返せなくなってしまいます。

状況 ❹ ニッチなテーマ、専門的な本を探している

大型書店がおすすめです。小型の店舗ではスペースが限られているため、ニッチなテーマの本や専門的な本はなかなか置くことが難しいのが現状です。

一方、大型書店では広い売り場面積があるため、多種多様なジャンルの本が置かれています。

種類も豊富でニーズに合った本を見つけられる確率が高いでしょう。専門的な本やニッチな本を探す際は活用しましょう。

状況 5 最近、似たような本ばかり読んでいる場合

新しい本を買ったのに、99％は知っている内容。そんな体験はありませんか？　新しい知識を学ぶ読書ではなく、既知を確かめる読書になっています。知識の強化や記憶の定着化にはなりますが、1冊の本からの学びは少なくなってしまっています。

より成長したいのなら、別のジャンルの本を手に取ったほうが良いでしょう。次の方法をやってみてください。

▷ 書店や図書館では、普段行かないジャンルの棚に行ってみる

無意識のうちに、自分の好きなジャンルの棚に行っている可能性があります。時々は他の棚、できれば書店を一周してみてください。普段は触れない本、知らない本が溢れているはずです。未知の分野の本は、大部分が知らないことなので、とても濃い時間を過ごすことができます。

▷ SNSや書評家が勧める本を手に取ってみる

自分ではなく、他人が勧める本は違った視点で本を選んでいます。自分では選ばない視点での本が出てきます。信頼できる人を見つけ、選書の参考にしましょう。

状況⑥ 学びを深掘りしたい場合

▷ 本の引用文献

ほとんどの本はゼロから生み出されているわけではありません。本を書くにあたっての参考文献というものが存在します。その道のプロが書く本を参考にしているだけあって、信頼できるラインナップであり、書いてある内容を深掘りするのに役立つ探し方です。

▷ キーワード検索

深掘りしたいキーワードから本を探す方法です。本に書いてある内容のうち、更に深掘りしたい用語が出てくることがあります。その用語をもとに探す選書法です。Web検索、Amazonで検索、図書館や書店の検索機で探してみてください。

▷ Amazonのレコメンドから探す

Amazonの詳細ページにヒントがあります。ページ下部にある「おすすめの本」に、本を購入した層に興味のある本がズラリと並んでいます。同分野の別の切り口で探す際には役立つ機能です。ぜひ参考にしてください。

 状 況 別 本 の 探 し 方 の 最 適 解

状況 1 読みたい本が わかっている 場合

ネット書店

最短で本が 手に入る

状況 2 解決したい課題、 学びたいテーマが 明確な場合

書店　ネット検索　ブックガイド

状況 3 時間はあるが、 本に投資できる 予算が少ない場合

図書館　古書店　サブスク

状況 4 ニッチなテーマ、 専門的な本を 探している

大型書店

多種多様な ジャンルの 本がある

状況 5 最近、似たような 本ばかり 読んでいる場合

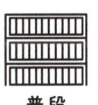

普段 行かない棚

読書家の おすすめ

状況 6 学びを 深掘りしたい 場合

引用文献　ネット検索　Amazon レコメンド

合うべき本に会える「ぶっくマップ」の使い方

「それでもなにを読んでいいかわからない！」そんな人は私がX（旧：Twitter）で発信しているぶっくマップから選びましょう。ポジショニングマップというフレームワークを使用し、**縦軸と横軸でどんな特徴の本なのかをひと目でわかるようにした図解**です。

文章ではイメージしづらいかと思いますので、次のページの図を見てください。

縦軸に「ライトで読みやすい／ディープに読める」、横軸に「原則・理論的／実践・具体的」を設定しています。例えば、あなたが初心者の場合、入門書でかつ実用として活かしたい場合は、まず右上に分布されている本から選ぶのが良いでしょう。

一方、将来にわたって本質を学びたい人は左下の本から選ぶのが良いでしょう。自分のステージに合った本が選べるのが、このぶっくマップとなります。

本書の巻末には私がおすすめする本をぶっくマップで紹介しています。ぜひ手に取ってください。

挫折しないように入門者〜中級者向けの本を中心に選出しています。

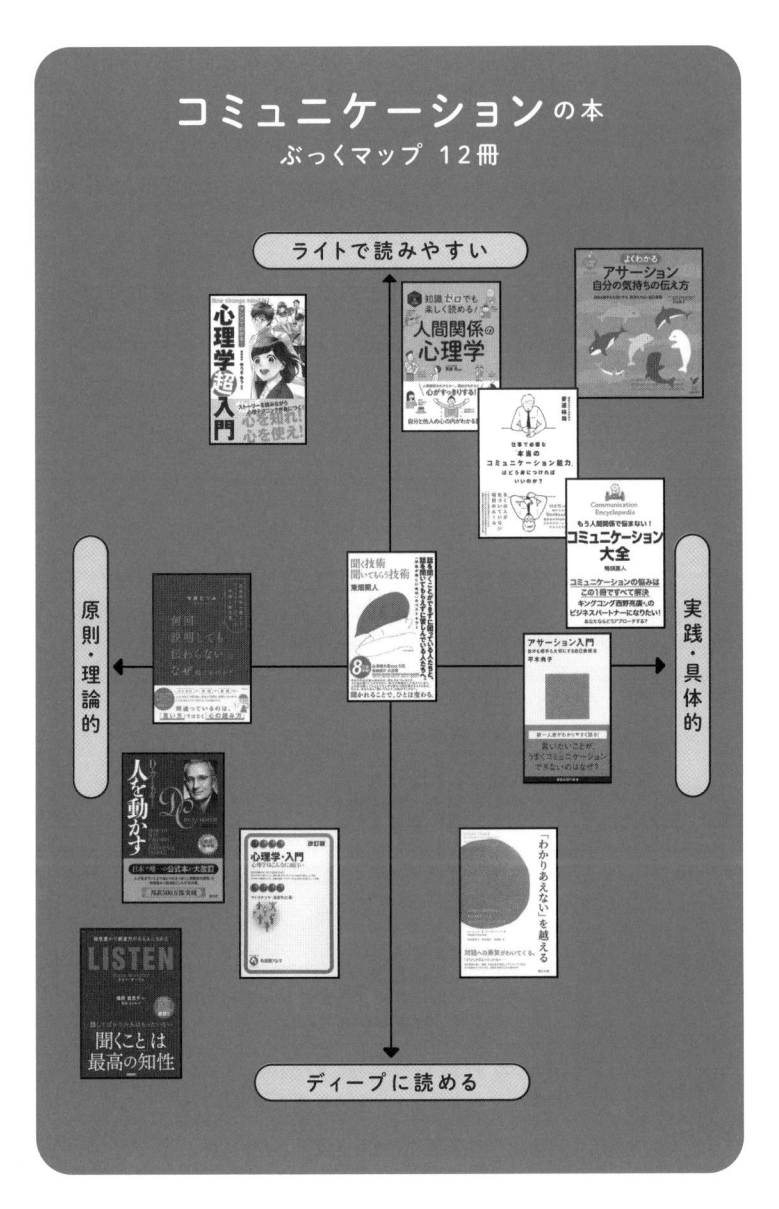

コミュニケーションの本
ぶっくマップ 12冊

ライトで読みやすい

原則・理論的

実践・具体的

ディープに読める

第2章のまとめ

　第2章のまとめです。ここにある特徴の本を選んでみてください。第2章では、独学の観点からの選書以前の方針の決め方、目的に沿った本や、最適な本の選び方を解説しました。実践すれば、あなたにとって価値のある情報源を見つけられることでしょう。

　第3章では、選んだ本からどのようにして最大限の価値を引き出すかを解説していきます。効率的な読み方と、理解を深めるための具体的な読み方、電子書籍やオーディオブックの紹介もしていきます。

方針の決め方

目標型選書	**目標とする姿に近づくために本を選ぶ** ①目的地を明確にする ②必要な知識やスキルを分解する ③優先順位を設定する ④未経験の場合、できるならやってみる ⑤知識やスキルを得るための本を選ぶ
悩み解決型選書	**目の前の悩みを解決するために本を選ぶ** ①悩みを書き出す ②悩みを具体化する ③ゴール設定をする ④ゴールに優先順位をつける ⑤現状とゴールのギャップを埋めるための本を調べ　テーマに沿った本を5冊選ぶ
知の体力型選書	**知識の土台を築き上げていくために本を選ぶ** ①趣味や好きなジャンルの歴史を深掘りする ②幅広く教養が学べる本から入る ③鉄板のおすすめジャンルから入る

学びを最大化する7つの本の選び方

選び方① 名著・ロングセラーから選ぶ	名著は多くの人に支持されてきた良質な本
選び方② 解説本やマンガ版から選ぶ	解説本には、当時の状況や歴史的背景が丁寧に説明されている
選び方③ ランキングから選ぶ	多くの人が、相手へプレゼントしたいほど読んでよかったと評価した本である「人気ギフトランキング」から選ぶ
選び方④ 読書家のおすすめから選ぶ	多くの本を読んでいた読書家が選ぶだけあって、良書である可能性は高い
選び方⑤ あえてちょいムズ本から選ぶ	より知識レベルや読解力をつけたいなら、自分のレベルよりも少しだけ難しい本を読んだほうが成長速度を上げられる
選び方⑥ 反対意見や常識破壊の内容が書いてある本を選ぶ	視点が増え、よりいろんな角度でものごとを見られるようになる
選び方⑦ 直感で選ぶ	思いも寄らない運命の一冊に出会う可能性がある

難しい本、簡単な本の8つの見分け方

見分け方.1 目次をチェックする	全体観がわかる目次の本を選ぶ
見分け方.2 太字やハイライトがある	太字やハイライトは、重要箇所を容易に把握できる
見分け方.3 図解や絵の多さ	図解は全体観をつかめ、重要なポイントを理解しやすい
見分け方.4 専門用語が多用されていないか	専門用語は、理解するのに時間がかかる
見分け方.5 結論がすぐ見つけられるか	結論を見つけやすい本は理解しやすい
見分け方.6 文章の読みやすさ	文章自体の読みやすさは難易度に直接関係する
見分け方.7 余白・フォントサイズ・ページ数	分量が少ない本は、読書へのハードルを下げる
見分け方.8 出版日を確認する	最近出版された本はわかりやすい本の特徴を満たしているケースが多い

 状況別 本の探し方の最適解

状況1 読みたい本がわかっている場合	ネット書店を利用する
状況2 解決したい課題、学びたいテーマが明確な場合	・書店に足を運ぶ ・ネット検索する ・ブックガイドを利用する
状況3 時間はあるが、本に投資できる予算が少ない場合	・図書館を利用する ・古書店を利用する ・サブスクリプションサービスを利用する
状況4 ニッチなテーマ、専門的な本を探している	多種多様なジャンルの本が置かれている大型書店
状況5 最近、似たような本ばかり読んでいる	・書店や図書館では、普段行かないジャンルの棚に行ってみる ・SNSや書評家が勧める本を手に取ってみる
状況6 学びを深掘りしたい	・本の引用文献 ・キーワード検索 ・Amazonのレコメンドから探す

03

「知る」を最大化する本の読み方

第3章からは本の読み方を解説していきます。まずは全体像を紹介します。

　前章で紹介した「目標型選書」「悩み解決型選書」「知の体力型選書」で選んだ本を「効率読書」または「探究読書」で読んでいきます。

　また、オプションとして「古典」の読み方や「電子書籍」や「オーディオブック」を使った読み方も紹介します。

　最後には+αとして読書の際の集中力を高める方法も解説するので、読書に集中できない人にとっては参考になるでしょう。

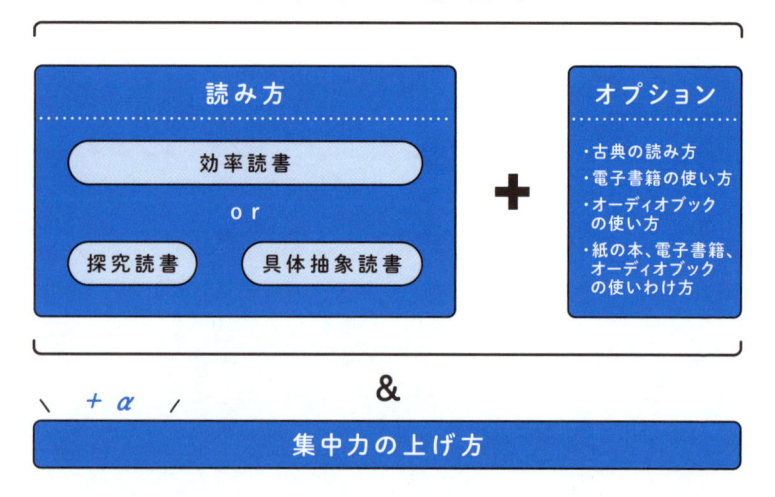

[本 章 の 構 成]

読み方		オプション
効率読書	+	・古典の読み方 ・電子書籍の使い方 ・オーディオブックの使い方 ・紙の本、電子書籍、オーディオブックの使いわけ方
or		
探究読書　具体抽象読書		

+α　& 集中力の上げ方

これから解説するのは主に2つの読み方です。

・効率読書 〜1冊30分、効率を最大化する本の読み方〜 ……… P.108〜

目的の場所にピンポイントで読む、最短最速の読み方を解説します。主に前章の「目標型選書」「悩み解決型選書」で選んだ本は、この方法で読むと、効率が格段に向上するでしょう。

・探究読書 〜学びを最大化する本の読み方〜 ……… P.126〜

先ほどの「効率読書」とはまったく考え方は異なり、深く広く内容を理解するのが「探究読書」です。前章で選んだ「知の体力型選書」の本をこの方法で読むとより深さを感じられるでしょう。

読む目的や本の種類に応じて、最適な読み方を選択することで、学びを最大限に引き出せるようになります。

それでは各読書法を詳しく解説していきます。

［「効率読書」
～1冊30分、効率を最大化する本の読み方～ ］

みなさんは読書をしていてこんな悩みはないでしょうか。

「読むのに時間がかかってしまう」
「本を読む時間が限られている」

「読書から学びを得たい」と思っても、時間もかかり中途半端で読むのをやめてしまったり、頑張って読んだけど身になっている感覚がない──そんな経験がある人が多いのではと思います。
　本を読みはじめた当時の私も、睡魔と戦いながら3日かけて読んだ本に対してこんな感覚を抱きました。

・自分と関係なさそうな内容だけど、頑張って読んだ
・読むモチベーションがわかないけど、なんとか読破した
・知っている内容であっても、
　すべて読んだら時間がかかってしまった
・長い時間をかけた割には、
　どんな学びがあったのかあまり覚えていない

　あなたも心当たりがあるでしょうか。当時は仕事が忙しく、深夜残業もしていましたが、その中でも時間を作り頑張って読破したの

です。しかし、その感想としては、「長い時間をかけた割には、どんな学びがあったのかあまり覚えていない……」。

そんな失敗経験や『読書術の本』からの学びを経て、私独自の読み方を作り出すまでになりました。

さて、「『1冊30分』というと、速読の技術が必要なのでは？」と思うかもしれませんが、そうではありません。1冊約10万文字の書籍内容のすべてを学ぶのには時間はかかりますが、5,000～1万文字ならどうでしょうか。読むだけでなく、メモを書く行為も含めて30分で済むならやってみようと思いませんか？

私が提唱する「効率読書」は、目的を定め、全体を把握した上でピンポイントで繰り返し読み込む方法のため、**短時間で本が読めます。知識も選択と集中により、より頭に入れやすくなる効果が見込めるの**です。

具体的な手順は次の通りです。

(STEP.1) 読む目的、目標を設定する
(STEP.2) まえがき、目次、あとがきでざっくり全体を把握する
(STEP.3) 目次から目的に合った箇所に線を引く
(STEP.4) 重要そうな部分だけ線を引き、付箋を貼っていく
(STEP.5) 結論から逆算して読み、気づきをメモする
(STEP.6) 付箋の箇所を再読する
(STEP.7) アクションプラン、感想をアウトプットする

ビュッフェスタイルのレストランに似ています。「おいしいもの

だけを思いきり食べたい」そんな目的で、食べ放題のお店に行き、メニュー全体を見て、なにを食べたいのかを確認する。その後、自分の食べたいものだけを取りに行き、食事を楽しむ。おいしかったものはもう一度食べる。

このような流れだとより楽しめるのではないでしょうか。これが、欲張ってなんでもかんでも盛りつけてしまうと、食べきれなかったり、そこまでおいしくないものまで食べる羽目になってしまいます。私も盛りすぎて後悔した記憶が何度もあります。

この読書法も同じ。その目的に到達できる所のみを繰り返し読む方法です。なんでもかんでもインプットしようと欲張りません。**寄り道はせず、必要な知識を最短最速で取りに行く読み方**とも言えます。

それでは実際に読み方を解説していきます。

STEP.1 読む目的、目標を設定する

はじめにやることはなんだと思いますか？　読書では「さあ、読むぞ！」といきなり1ページ目から読みはじめる人が多いのではないでしょうか。

「効率読書」では違います。読む目的や目標の設定がスタートとなります。まず、目的を決めます。目的を明確にする理由は2つあります。**1つ目は、無駄な寄り道をせずに最短で目的地（目標）に到達できること。**

2つ目は、目的やゴールに焦点を当て、それに向かおうというモチベーションに繋げること。これを「目的志向」ともいいます。

第2章を読んで実践された人なら、本を読む目的はすでに設定してあるはずです。その内容を本にメモしましょう。もし本に直接書くのに抵抗がある人は、大きめの付箋や栞に書いてください。

　次に目標を設定します。その本を読み、達成したいことを書いていきます。目的に沿った具体的な内容を設定しましょう。

　仕事術の本を読むときの具体例をあげます。

[目的] 仕事の生産性を上げ、定時に帰る
[目標] メールチェック等の雑務により、本当に重要な仕事が
　　　　できていない。今よりも1時間重要な仕事ができるような
　　　　タイムマネジメントを学ぶ

　目標は「目的に到達するために必要な要素」である必要があります。 上記の例ですと、目的は定時で帰ること。目標は定時に帰るために身につけたいことです。ここでは具体的であればあるほど望ましいでしょう。

　「そうはいっても、本を読んでみないと目標設定が難しい」と思ったのではないでしょうか。

　確かに、内容がわからないと難しい場合もあります。本を読まないとなにを目標にしていいかわからないときもあります。そんなときは「生産性を上げる方法を1つ実践する」というように、抽象的な目標でも構いません。**仮の目標で進め、読書中にどうすればいいか見えてきた段階で書き直せば問題ありません。**

　また、実践は伴わないが、知識を得るような読書の場合には、お

すすめの目標があります。それは「学んだ内容を人に説明する」です。

　他人に説明するためには、まずは自分自身がしっかりと学んだ内容を理解していなければなりません。読んでいる最中に、どう説明しようかという目的意識が働きやすくなり、よりアクティブに読書をするようになります。「人に説明する」は次章のアウトプット編で詳しく解説します。

（STEP.2）まえがき、目次、あとがきで
　　　　　ざっくり全体を把握する

　本を開く前に目的と目標を設定できたら、次に本に書いてある全体的な内容を把握します。本の構成を把握すると、目的の箇所に辿りつきやすくなるのです。
　具体的なステップは次の通りです。

① まえがきを読む
② 目次を読む
③ あとがき または終章を読む

　これらを読み、まず**なにが書いてあるかの全体像をざっくりと把握します。**全体マップを脳内に描くイメージです。構造理解は、内容理解に良い効果があるのが確認されています。2020年のユトレヒト大学の論文（Reading Research Quarterly - 2020 - Bogaerds-

Hazenberg - A Meta - Analysis on the Effects of Text Structure Instruction）でも、文章の構造指導を受けた生徒は、読んだ直後のテストで読解問題や要約、テキスト構造に関する知識において良い成績だったと結果が出ています。

▷ まえがきを読む

　まずは「まえがき（はじめに）」を読みます。まえがきにはその本の対象読者の悩み、悩みに対してどんな道筋で解決してくれるのか、本を読むとどうなるのかを教えてくれます。親切な本なら、章ごとに読むことで解決する内容が書かれており、どの章を読むべきかの指針になります。

▷ 目次を読む

　例えるなら、目次は地図です。自分が行きたい場所はどこか？マップがあれば目指す場所が見えてくるのです。地図を持たずに進む旅も面白いのもわかりますが、なかなか目的地には到着しませんよね。読書も同様に、本全体を捉える視点が重要になります。

　目次を読み込む際に知っておきたいのは、書籍には一定のパターンがあること。主に３つに集約されます。

序盤で問題提起や総論／理論、中盤以降で実践的内容、終盤で応用的な内容

　体系的にまとめられた本は、このパターンが多いのです。

　序盤は実践編で解決策を提示するための伏線として問題を提起し

たり、本で最も言いたいことが書かれていたりします。

中盤以降は具体的な内容やノウハウが書かれています。

終盤は付随する内容や応用編が書かれているケースが多いです。

問題提起や総論／理論、実践的内容、応用的内容すべて含まれているものもあれば、一部のみが構成されているケースもあります。

1章から時系列に構成

1章から時系列で並べているパターンです。後半に行くにつれ、時間が流れていることがわかります。代表的な本は「歴史」で、古代→中世→近世→近代→現代のように、「古」→「新」の順で構成されています。

テーマごとに並列に構成（テーマＡ、テーマＢ、テーマＣ）

「第1章：人間関係のコツ」「第2章：効率的な仕事の仕方」のように、本の切り口からテーマごとにテクニックやアドバイスを羅列したような構成の本です。

このパターンの場合は、章や項目ごとに独立しているため、どこから読んでも意味は通ります。ですので、このパターンの目次は「全体の構成は気にせず好きなところ好きなところだけ読んでもいい」と思ってもらって問題ありません。

どのパターンなのかを見極めると、容易に全体像を把握することができます。慣れてくればパッと見ただけでどのパターンなのかわかってくると思います。

▷「あとがき」または終章を読む

「あとがき(おわりに)」は読むべきかそうでないかは本によります。感情的な内容と有益的な内容が書かれており、後者の場合は読んだほうがいいですが、前者の場合は不要だからです。

感情的な内容とは、

・読んでくれた人へのメッセージ
・関係者への感謝の言葉
・本に対する想い

有益的な内容とは、

・本当に伝えたいメッセージ
・本のまとめ

その本に対する著者の想いやメッセージ、要は感情的な内容の場合は、別に読まなくてもいいでしょう。

一方、有益的な内容が書かれているケースもあります。本の内容をまとめていたり、本当に伝えたいメッセージが書かれていたりする場合もあります。どちらのケースなのかをチェックし、有益的な内容の場合のみ読みます。特に翻訳書の場合は、最終章にまとめが書かれていることがよくあるので、必ずチェックしましょう。

「まえがき」「目次」「あとがき または終章」この内容を把握すると頭の中に本の地図が出来上がり、大体の見通しをつけることができます。

STEP.3 目次から目的に合った箇所に線を引く

　次は、どの箇所を読むか決め、目次に線を引いていきます。どの章を読むかの目印になります。

　できるなら本に直接書くほうがいいですが、難しい場合は、読む部分に付箋を貼ってください。電子書籍のKindleならハイライト機能を使用します。

　STEP.2 でざっくり全体を把握しているので、どこを読めばいいか当たりはつけやすくなっているはずです。

　こう書くと、「まえがき、あとがき、目次を見てもどこに目的の内容が書いてあるかわからない」と思う人もいるかと思いますし、目次ではどこになにが書かれているかわからない本も確かに存在します。その場合は、ここでの全体把握を諦め、STEP.4 に進みましょう。

STEP.4 重要そうな部分だけ線を引き、付箋を貼っていく

　STEP.3 で特定した章に対して、結論に絞って読み進めていきます。ここではまだ特定した章を読み込んでいくフェーズではありません（※ STEP.3 で目的の場所を特定できなかった場合は、前から読む必要があります）。

　ここでやることは、**目的を達成するための知識を探すこと**です。

　重要そうな箇所を見つけたら、付箋を貼っていきます。なぜここ

で付箋を貼るかというと、後からじっくり読み直すかどうかを判断するためです。「ハイライトや線を引くのは、記憶の観点では意味がない」という研究がありますが、気にしなくていいです。ここでの目的は、覚えるためではなく、後で読み返すためだからです。線を引くことで「あの部分はどこにあったっけ？」がなくなり、最短で再読が可能になります。

探す際には、スキミングという技術を使います。1字1句すべてを読むのではなく、**該当箇所のみをパッパッと見ていく**のです。

近いものとしては新聞を読むときです。朝刊1冊で20万文字＝本2冊分に相当する新聞を最初から最後まですべて読む人はほとんどいないと思います。大抵の人は、自分の欲しい情報だけをピックアップして読んでいるはずですよね。見出しを読み、読むべきか、読まなくていいかを瞬時に判断しています。

もう1つ身近な例だとX（旧：Twitter）です。タイムラインに流れている情報をすべて丁寧に読んでいる人はほどんどいないと思います。自然と情報の選別をしているのです。
「スキミングの技術はわかった。ではどうやって重要な箇所を見つけるのか？」と疑問がわくと思います。それにはコツがあります。

▷ 太字や線が引いてある箇所のみを読む

最近の本は、著者が言いたい重要な点や結論に太字や線が引いてあります。太字や線が引いてある箇所だけを探すように読んでください。そしてX（旧：Twitter）のタイムラインを見るように、自分に必要な知識を見つけ、付箋を貼りましょう。

▷ 段落のはじめと最後のみを読む

文章の構成として、1つの段落に、問い・理由・具体例・まとめ（結論）のセットが多数集まり、1つの章になり、章が集まって1冊の本ができています。段落の最初には問い、最後には結論が書いてあることが多く、この2点だけを読むことで高速で要点だけを読み進めることができます。

▷ 接続詞に注目する

文章の構造上、特定の接続詞の後に結論がくるパターンが多いです。具体的には次の接続詞に注目してください。

・順接 …… よって、したがって
・言い換え …… つまり、要するに
・まとめ …… 以上、このように

この接続詞の後には、著者の主張や結論が書かれている場合が多く、押さえておくと要点を掴みやすくなります。

▷ 「まとめ」を読む

最近の本は親切な構成なので、章の終わりに内容や「まとめ（ポイント）」を記載している本が多くあります。まえがき、目次、あとがきを読んでもわからない場合、まとめを探してみてください。結論から読むことで、逆算して読むべき場所を見つけます。

なお、これらをすべて実践する必要はありません。時間がかかってしまうからです。目安としては、

・太字や線が引いてない本については、「段落の最初と最後のみを読む」
・親切に太字や線が引いてある本なら、「太字や線が引いてある箇所」

・まとめがあるならチェックしておく

　この判断基準で読んでいきましょう。

STEP.5 結論から逆算して読み、気づきをメモする

　実際に読み込んでいくフェーズはここからです。 STEP.4 で重要な結論に印をつけていったと思います。

　今度は、印をつけた（付箋を貼った）箇所を起点に読み探します。ここでやっと深く理解するための読み方をしていきます。前から読むのではありません。**要点をスタートラインとして、外堀を埋めるように読む**のです。

　「問い」「結論」「理由」「具体例」のセットがあります。「結論」を頭に入れた状態で「問いはなにか？」「理由はなにか？」「具体例はなにか？」を探すように読み進めます。なぜなら、文章には骨格というものが存在し、それさえ掴んでしまえば、理解するスピードも上がるからです。

「結論だけ抑えていればいいのでは？」と思う人がいるかもしれま

せんが、それでは不十分です。「なぜその結論に至ったのか？」「どのような具体例があるのか？」ということを知ることで、納得感が生まれやすくなる効果があるのです。

また、どの箇所になにが書かれているのか、特定が難しいという人のためにとっておきのヒントがあります。

それは接続詞に注目することです。接続詞で流れが変わるタイミングがあるためです。

▷「なぜなら」の後に理由が書かれている

この接続詞の前に主張があり、この後に主張に対する理由が述べられるパターンが多いです。

▷「例えば」の後に具体的な事例が書かれている

具体例がこの後に続きます。長文の可能性があるため、どこまでが具体例なのかも確認しておきましょう。

▷「しかし、だが」の後に逆説が書かれている

直後に否定する文章が入り、その後に著者の主張や結論が書かれているケースがあります。

内容を理解したら、その都度気づきをメモしていきます。

書く場所は本の余白でも読書ノートでも構いません。

すべて読み終えてから書くのではなく、読みながら書きましょう。後からまとめてメモをするのでは、どこになにが書いてあったか探

す羽目になってしまうからです。

　ただし、本の内容を書き写すのではありません。次のコツがあります。

・気づきからの学び
・自分に当てはめるとしたらどうするか

　この後の「第4章」で詳しく解説しますが、ここで大事なことは、ただ書き写すのではなく、自分の言葉に置き換え、どう次の行動に繋げるか？となります。

STEP.6 　付箋の箇所を再読する

　STEP.4 の付箋の箇所と STEP.5 で書いたメモだけを読んでいきます。

　何度も読むことで記憶に定着させていきます。メモを本に書き込む効果は、読み返すときにも威力を発揮します。本の内容とメモをいっぺんに見返せるからです。

　この段階で大体頭に入っているのと、読む箇所が絞られているので、5分程度で読めるでしょう。

STEP.7 アクションプラン、感想をアウトプットする

　今までの内容をメモした内容を整理し、次になにをするか行動を決めていきます。

　ノウハウ系の本だったら、具体的な行動を書きます。

　思いつかないようだったら、読書ノートやSNSに感想や意見をまとめてもいいでしょう。アウトプットについては次章で詳しく解説していきます。

効率読書
1冊30分、効率を最大化する本の読み方

STEP.1 **読む目的、目標を設定する**

目的を設定することで、無駄な寄り道をせずに最短で目的地（目標）に到達でき、読むモチベーションにもなる。目標は「目的に到達するために必要な要素」を設定する。

STEP.2 **まえがき、目次、あとがきでざっくり全体を把握する**

①まえがき ②目次を読む ③あとがき または 終章を読む

STEP.3 **目次から目的に合った箇所に線を引く**

どの章を読むかの目印になる。できるなら本に直接書くほうがいいが、難しい場合は、読む部分に付箋を貼る。電子書籍のKindleならハイライト機能を使う。

STEP.4 **重要そうな部分だけ線を引き、付箋を貼っていく**

ここでやることは、目的を達成するための知識を探すこと。ポイントは「太字や線が引いてある箇所のみを読む」「段落の始めと最後のみを読む」「接続詞に注目する」

STEP.5 **結論から逆算して読み、気づきをメモする**

Step.4で付箋を貼った箇所（要点）をスタートラインとして、外堀を埋めるように読む。メモのポイントは「気づきからの学び」「自分に当てはめるとしたらどうするか」

STEP.6 **付箋の箇所を再読する**

再度付箋の箇所とメモの内容を読んでいく。何度も読むことで記憶に定着。1度読んでいるので5分程度で読める。

STEP.7 **アクションプラン、感想をアウトプットする**

感想や学びをアウトプットする。今までの内容をメモした内容を整理し、次になにをするか行動を決めていく。

どんな本が「効率読書」に最適なのか？

これまで見てみた「効率読書」の読み方はすべての本、すべての状況に合う方法ではありません。目的が明確なほど適用しやすいですが、1冊を学ぼうとする場合には向いていません。

この読書法に特に向いている本の特徴は次の通りです。

▷ ビジネス書、実用書

「効率読書」は、読者が実践すべきアクションを適切に見つけやすい読書法のため、ビジネス書や実用書に最適です。

一方、哲学書や科学、歴史などの知識ベースの本にはあまり向いていません。

▷ 集約型の本を読むとき

集約型の本とはひとことでいうと、1つまたは複数のテーマに対して、情報をかき集めた構成の本です。例えば、『仕事ができる人になるための80の方法』のようなタイトルの本が集約的な本といえます。80個のうち、1つ1つは独立しており、どこから読んでも理解できる構成となっています。

知識のつながりは薄いものの、非常にわかりやすいのが特徴です。つながりがないからこそ、どこから読んでも容易に理解できます。「効率読書」で読むのには非常に相性の良い本となります。

▷ 同分野の2冊目以降の本

　読者自身に知識があれば、大変有効な読み方となります。すでに頭の中に知識体系があるため、断片的な知識を入れても理解が容易だからです。新しい分野の1冊目の本としては向きません。本にもよりますが、知識体系がない状態では読みづらくなるからです。

▷ 目標型選書、悩み解決型選書で選んだ本

　読む目的を設定している「目標型選書」「悩み解決型選書」で選んだ本に合う読書法です。選書前の時点で目的が明確なので、モチベーション高く、効率良く読み進むことができます。一方、「知の体力型選書」で選んだ本にはあまり向きません。知の底上げをするのには、ピンポイントで読む断片的な知識ではなく、体系的に読み進める読書法のほうが向いているからです。

効率読書が合う本の特徴

ビジネス・実用書
読者が実践すべきアクションを適切に見つけやすい

集約型の本を読むとき
どこから読んでも容易に理解できる

同分野の2冊目以降の本
すでに頭の中に知識体系があるため、断片的な知識を入れても理解が容易

目標型選書、悩み解決型選書で選んだ本
選書前の時点で目的が明確

「探究読書」
〜学びを最大化する本の読み方〜

　私は本に書いてある内容をそのまま現実世界に役立てようと、効率を重視してばかりいた頃がありました。

　効率重視の本ばかりを手に取るようになっていた当時の私は、書店に行けばビジネス書や実用書コーナーに突入し、「仕事を効率良くこなす方法」のような本を手当たり次第に漁っていました。「効率重視！」「成果を上げる！」といった思考に偏っていたのを思い出します。

　とにかく役立つものを追い求めて読んでいたのです。でも、読書ってそれだけではないんですよね。著者の鋭い洞察に感銘を受けたり、思ってもいない学びがあったり、書いてある内容から思考を深めたり。遊びや寄り道も読書の醍醐味なのです。これに気づくのには相当な時間がかかりました。

　本の世界は広大な海に似ています。広く深く知らない世界が広がっているのです。旅に出るような感覚で本を読んでいくと、思わぬ言葉にハッとしたり、時には人生をも変えるキッカケにもなります。

　そこでもう1つの読み方「探究読書」を紹介します。「効率読書」とは違い、広く深く読む読書法です。

　文字情報から学びを膨らませ、知のネットワークを作る読書法ともいえるでしょう。

　レストランで例えると、コース料理のようなイメージ。自分の食

べたいコースを選び、どんな料理がどのような流れで運ばれてくるのかを確認する。ファストフードのようにサッと食べるのではなく、1つ1つ、料理を楽しんでいく。パートナーと来ているなら、会話が膨らみます。ものすごく贅沢な体験です。

これから紹介する「探究読書」も同じです。本の内容から想像力を膨らませたり、既知や経験と結びつけたり、より抽象度を上げ、普遍的な学びにしたり。本を丁寧に読んでいきます。その分、「効率読書」のように30分では読めません。数時間、数日かけて読んでいくことになるでしょう。贅沢な読書体験だといえます。

本は動画と比べ、情報量が少ないといわれますが、その分だけ余白があるともいえます。空いた空間でより多くの学びを得る方法を知りたくないでしょうか。

「探究読書」は次の4つのステップからなります。

STEP① 読む目的、目標を決める
STEP② まえがきと目次から全体像と構成を頭に入れる
STEP③ 1章ごとに「深く読み込み」、メモと付箋を繰り返す
STEP④ 付箋の箇所とメモを再読する

このうち、STEP① STEP② STEP④ はすでに「効率読書」でも解説しているので、そちらの解説を参照してください（P110〜参照）。本項では「探究読書」で特徴的な STEP③ を詳しく解説していきたいと思います。

STEP③　1章ごとに「深く読み込み」、　　メモと付箋を繰り返す

　STEP① と STEP② ができたら、後は第1章で説明した知のネットワークを作っていくように読み込んでいきます。

　ポイントは次の3点です。

・各章ごとに読み進める

・知ってる内容、興味のない内容は読み飛ばす

・［深く読む技法］で思考した内容をメモする

　基本的に1章ずつ読みますが、既知の内容や興味のない章は飛ばしましょう。「効率読書」は読む箇所を絞るスタイルでしたが、「探究読書」は読む箇所を省くスタイルとなります。

　ここではただ読むだけでなく、**本の内容から想像力を膨らませたり、既知や経験と結びつけたり、より抽象度を上げ、普遍的な学びにしたりと、学びを自分のものにする方法を駆使する**のがこのパートになります。

　本をより深く味わうための方法です。すべてを実践するのではなく、あなたに合った方法を試してみてください。

　次の項目では［深く読む技法］として私が実践している4つのテクニックをお伝えしていきます。

「探究読書」の質を劇的に高める 深く読む技法

それでは、「探究読書」をする際に必要となってくるテクニック[深く読む技法] を紹介していきましょう。

深く読む技法.1 用語を調べる

用語を調べる方法は、理解を広げたり深めたりできる方法です。本に出てきた知らない用語や気になる用語をネット検索します。

最近では、ChatGPTなどの生成AIを使用するのも良いでしょう。どんな内容かだけでなく、歴史的背景や関連情報まで得ることができます。**調べる行為が知識のネットワークを広げ、語彙力をも上げてくれる。**それが用語を調べる方法です。

ただし、注意点もあります。

▷ ネット検索や生成AIの内容が正しいとは限らない

ネットにある情報は個人が書いた内容の場合もありますし、生成AIが出した回答は間違った情報が紛れているかもしれません。これを防ぐ方法としては、必ず複数の情報源にあたることです。どちらかが間違えていた場合に気づくキッカケになります。また、信頼できる情報源を参照するのも大事なことです。

「この用語も……あの用語も……」と調べていくのも良いですが、これをやってしまうとなかなか本を読み進められなくなってしまいます。「頻出するワード」「知りたいワード」この2点を重点的に調べるのが良いでしょう。

深く読む技法.2 経験と関連付ける

読んだ内容を自分の経験に関連付ける方法です。

本を読んでいくと、著者が言っていることをどこか他人事のように考えてしまいがちではないでしょうか。当たり前かもしれませんが、著者の経験は読者の経験ではありません。他人事で捉えてしまうと、読んで「そうなんだ……」で終わってしまいます。

では、自分の経験だったらどうでしょうか？　他人の経験よりもリアリティを持って想像できるのではないでしょうか。そこでやることは、本を読みながら、過去の自分の経験と関連付ける方法です。

しかし、具体的にどうやって自分の経験と繋げるか、わからない人もいると思います。そこで、具体的には学んだことに対して、次の質問をしてみてください。

・同じような経験を自分はしていたか？

・自分だったらどう考える／行動するか？

・過去に読んだ本の内容と近い部分はあるか？

・身の回りで同じようなことが起きたことはあるか？

読書は、本に書いてあることをただ教わるだけではありません。知識は関連付けることで強固になることは第1章で解説しました。**身になる読書はいかに繋げるかが重要**なのです。

深く読む技法.3　反論や自分の意見を考える

　著者の主張に対して、反論や自分の意見を考えます。ビジネス書によくある傾向ですが、著者が断言し、強く主張している本を目にしませんか？

　読んでいると、その根拠や事例に、「確かに」と思って説得力を感じてしまうこともあるでしょう。

　しかし、**世の中に絶対はありえません。**本に書いてある内容や意見の中には例外があります。そもそも正しい答えがない問いだってあるのですから。研究論文でもそうです。「誰を対象にしているか？」「何人に対しての実験か？」を設定し、その状況下での結果なのです。多くの人に当てはまる内容と言えても、全員に当てはまることではない。そのことを頭に入れる必要があります。

　著者が辿ってきた人生や考え、環境を無意識に前提としているケースがあります。それを頭に入れ、「この場合も当てはまるのか？」「あの本ではこう言っていたけどなにが違うのか？」と考えてみてください。本に書いてあることを鵜呑みにしなくなり、自分で考える経験となります。

　次の内容を考えてみると、より自分の意見を考えられるようになります。

・自分の知識から反論を考えてみる

・前提を疑ってみる

・例外を考えてみる

　「どうしても本の内容が正しいように見えてしまう」という人も大丈夫です。様々な本を読むことで、知識が増え、考えられるようになります。自分自身に知識があれば、他の本に書いてあることと矛盾する内容に出くわす場面は増えていきます。「自分はどう考えるか？」のチャンスです。繰り返し問いかけ、自分の意見として考えられるようになっていきます。

　慣れてくれば「このケースは当てはまるけど、このケースでは当てはまらない」というように、自分なりの結論を容易に導き出せるようになります。

深く読む技法.4　自分に質問しながら読む

　読みながら自分へ問いかけます。**内なる考えを言語化する力が身につく方法となります。**「言葉があまり出てこない」という人はこちらの方法を実践してみてください。言語化はアウトプット力の源泉です。

　具体的な問いを用意しました。自分が答えられそうな質問を選んでください。

・重要だと思った箇所は？　その理由は？

・心に残った言葉はなに？　そのときの感情は？

・共感できた箇所は？　その理由は？

・明日からどう自分の行動に変えるか？

▷ 栞を使い、[深く読む技法] を確実にこなす方法

　読書術あるあるなのですが、「この方法で読んでいこう！」と思っても、忘れてしまうことってありませんか？　良い方法があります。栞に[深く読む技法] を書いておくのです。

　巻頭のジャバラに付録として「深く読む技法の栞」を用意しました。

　切り取って使ってみてください。

＼ 学びを最大化する本の読み方 ／
探究読書４つのステップ

STEP① 読む目的、目標を決める

GOAL

目的を設定することで、無駄な寄り道をせずに最短で目的地（目標）に到達でき、読むモチベーションにもなる。目標は「目的に到達するために必要な要素」を設定する。

STEP② まえがきと目次から全体像と構成を頭に入れる

①まえがき ⟶ ②目次を読む ⟶ ③あとがき または 終章を読む

STEP③ 1章ごとに「深く読み込み」、メモと付箋を繰り返す

point
- ・各章ごとに読みすすめる
- ・知ってる内容、興味のない内容は読み飛ばす
- ・［深く読む技法］で思考した内容をメモする

1章から終章まで繰り返す

| 深く読む技法.1 用語を調べる | 調べる行為が知識のネットワークを広げ、語彙力をも上げてくれる |

| 深く読む技法.2 経験と関連付ける | ・同じような経験を自分はしていたか？
・自分だったらどう考える／行動するか？
・過去に読んだ本の内容と近い部分はあるか？
・身の回りで同じようなことが起きたことはあるか？ |

| 深く読む技法.3 反論や自分の意見を考える | ・自分の知識から反論を考えてみる
・前提を疑ってみる
・例外を考えてみる |

| 深く読む技法.4 自分に質問しながら読む | ・重要だと思った箇所は？ その理由は？
・心に残った言葉はなに？ そのときの感情は？ |

STEP④ 付箋の箇所とメモを再読する

再度付箋の箇所とメモの内容を読んでいく。
何度も読むことで記憶に定着。

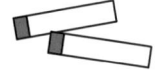

どんな本が「探究読書」に最適なのか？

「探究読書」は「効率読書」とは違い、1冊を深く味わう読書法です。それだけ時間もかかるので、価値があると思った本に対して、この読書法を使ってください。どの本に使うかの判断基準として次の2つがあります。

▷ 知の体力型選書で選んだ本

知の体力型選書では、自分の専門分野だけでなく、関連のない分野や一見役立ちそうにない本を選んでいきます。直接的には役立つ本ではないため、じっくり読み込むこの読書法が最適です。

▷「目標型選書」または「悩み解決型選書」で選んだ本の1冊目（新しいジャンルの1冊目）

目標型選書や悩み解決型選書であっても、1冊目を読む前の時点では知識がない状態です。まずは自分の中で体系的な知識を作る意味で、この読書法が最適です。2冊目以降は「効率読書」を使いましょう。

▷ 学びが深く、名著だと思った本

学びが深く、「もっと知りたい」と気づいた本は、この読書法でより深く読むと良いでしょう。「効率読書」で読んだ本であっても「これは名著だ」と思ったら、この読書法で読み直すのもアリです。

そういう意味では、「効率読書」が深く読むべき本をふるいにかけている役割もあると思います。

ゲーム感覚で学びを自分ごと化する「具体抽象読書」

実は **深く読む技法 . 3** で紹介していなかった方法が、もう1つあります。次に解説する「具体と抽象の思考」を使った方法です。これは「探究読書」の派生型ともいえるもので、「具体抽象読書」と名づけました。この読書法を知っているとより読書が楽しくなるので、チャレンジしてみてください。

「歴史の本や科学の本、さらには哲学。いわゆる教養本を読むとき、自分ごととして捉えるのは難しく、なかなか手が出ない」教養本によくある悩みの1つです。

書店には『教養としての〇〇』といった本が並んでいます。「教養が身につく本を読んでみたいけど、なかなか手が出ない」「そもそも読む意味はあるの？」といった人もいるかと思います。

前章でもお伝えしましたが、そもそも教養は役に立つために読むのではなく、楽しんで読んでいったらいつの間にか自分の考え方が変わっていくものだと私は思っています。

これから解説する方法を駆使すれば、別分野の本をゲーム感覚で読み進められます。ゲームだと思えば楽しいですよね。楽しんで読

めれば「なかなか手が出ない」がなくなりますし、「そもそも読む意味はあるの？」という問いの意味はなくなります。

「本に書いてある内容から本質を抽出し、別の学びへと適用する」という方法であるので、「具体抽象読書」としました。

効果として、**一見自分に関係のない学びを自分ごとにできる**ようになります。すごいところは読書だけでなく、日常から学びに繋げられる点です。習得しておくとまわりとの差をつけられる思考法なのです。

第1章でも紹介した図を覚えているでしょうか。知識を編めることにより、知のネットワークを築いていけます。

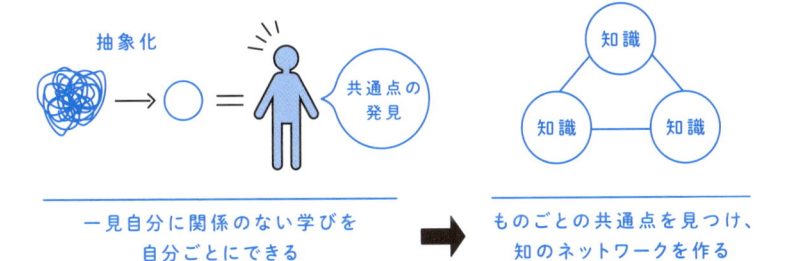

ゲーム感覚で学びを自分ごと化する 具体抽象読書

抽象化　→　○　＝　共通点の発見

知識　知識　知識

一見自分に関係のない学びを自分ごとにできる　➡　ものごとの共通点を見つけ、知のネットワークを作る

▶ 抽象化とは

抽象化を簡単に言うと、対象を一般化するプロセス。言い換えると、**本質を抜き出す思考法**です。現実世界は複雑ですが、これをわ

かりやすく簡素化する方法ともいえます。

　例えば、自動車と観覧車。自動車はエンジンがあり、アクセルを踏むと走る車で、観覧車は遊園地にあるアレです。一見無関係に思えますよね。でも、抽象化すると同じ「乗り物」と言うことができます。このように、抽象化とは、高い視点でものごとを捉える思考法なのです。

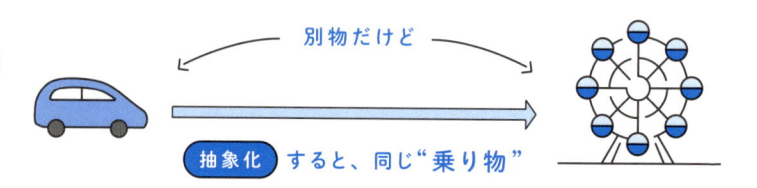

▷ 抽象化すると適用範囲が広がる

　先ほどの例で考えたとき、自動車と乗り物、どちらが当てはまる範囲が広いでしょうか。自動車は、トラックやセダン、バンなどがあげられます。

　一方、乗り物は車だけでなく、観覧車、飛行機、船、自転車など、いろんな物に当てはまります。このように、抽象化すると、適用範囲が広がります。これは物だけでなく、学びについても同じです。**抽象化すると、一見無関係なことであっても、共通点が見つけられる**のです。

▷ 抽象化して本質を抜き出す

　この抽象化を読書に応用します。本の内容を抽象化していきます。

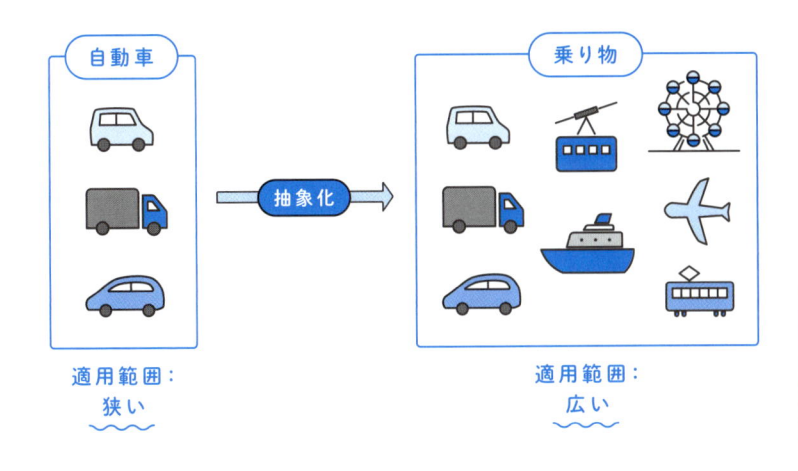

本文の中では結論が一番抽象化しやすいと思います。

この説明だとわかりづらいので具体例を出します。読書において、次の学びがあったとします。「マウスで実験した研究において、極端な糖質制限で老化や短命化する」。これを抽象すると「極端な行動は体に良くない」という原則を導き出せるのです。

このように事象から概念や法則、本質を抽出するのが、抽象化の読書の手法となります。

先ほどの「極端な行動は体に良くない」という原則を自分ごとに

転用したとき、「健康食材も極端な食べすぎは体に良くない」という学びを導き出せたと思います。

　ここから、自分の食生活で「過剰に食べすぎているものがないか？」という自分にとっての学びに転用していきます。このように、一度抽象化した学びを自分ごとにして落とし込むのです。

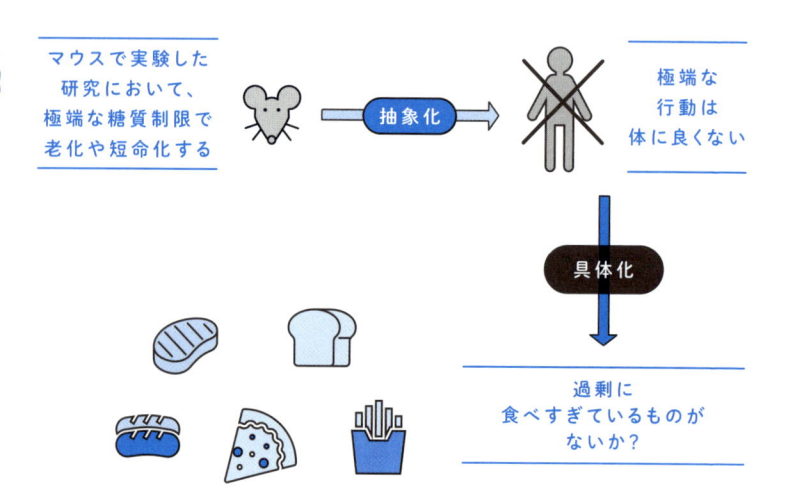

「具体抽象読書」のキーとなる「抽象化」のコツ

しかし、いきなり抽象化をするのは難しいかと思います。何度もトレーニングすることで習得できるようになります。そこで、抽象化のコツを紹介するので、トライしてみてください。

コツ1 物事の共通点を探す（似ているものを探す）

学んだことに対して、他の事象や物に共通点がないかを考える方法です。例えば、「織田信長の時代、よそ者や新規参入者も自由に商売ができるようにする施策として楽市楽座をはじめた」という学びがあったとします。これに似ているサービスは？と考えたとき、「楽天市場」が思い浮かぶ人が多いのではと思います（実際、楽天市場は楽市楽座が名前の由来だといいます）。どちらも自由に商売ができる場を提供しているという共通点が見えてきます。

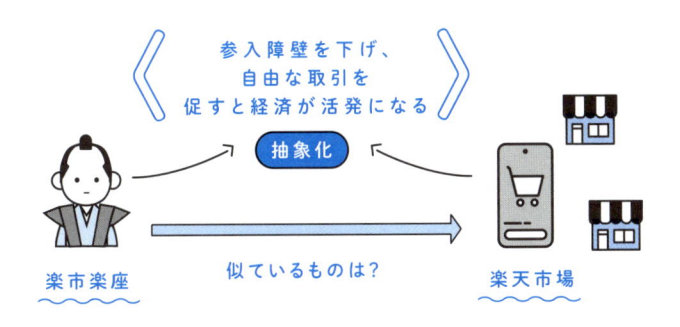

参入障壁を下げ、自由な取引を促すと経済が活発になる

抽象化

楽市楽座　　　似ているものは？　　　楽天市場

この2つの共通点を考えると、「参入障壁を下げ、自由な取引を促すと経済が活発になる」と抽象化することができます。

事例が複数あると抽象化もしやすくなったのを感じていただけたでしょうか。

コツ 2 図解にする

図解にしてみるのも抽象化のテクニックの1つです。図は文章よりも情報量が少ないため、シンプルにしないと表現することが難しいのが特徴です。このシンプルにする過程で抽象化する思考が生まれてきます。

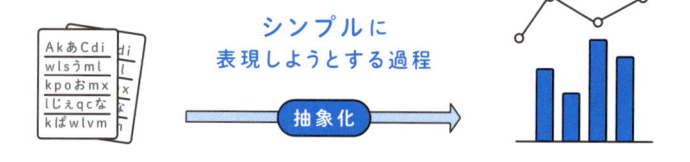

コツ 3 要するに（つまり）〇〇と言ってみる

端的に表現してみるのも抽象化するためのコツの1つです。まずは文章を読み、頭の中で「要するに」「つまり」と言ってみてください。**ひとことで表現しようと考える習慣がつきます。**

自分の言葉で簡潔にまとめるのがポイントです。習慣にすれば、自然と抽象化力が身についていきます。

 コツ 4 抽象思考の本を読む

　「それでも難しく感じる」「抽象化上達のためのトレーニングがしたい」そんな人は、抽象化思考の本を読んでみるのも良いでしょう。次の2冊がおすすめです。

『具体と抽象 ─世界が変わって見える知性のしくみ』(細谷功・著、dZERO)
　抽象化と具体化を、これでもかというくらいわかりやすく解説しています。

『「解像度が高い人」がすべてを手に入れる「仕事ができる人」になる思考力クイズ51問』(権藤悠・著、SBクリエイティブ)
　抽象化や具体化ができるようになるためのトレーニング本です。

抽象化や具体化のコツが丸わかりで、問題数も豊富な欲張りな本です。

抽象化の具体的方法

抽象化とは	抽象化とは、高い視点でものごとを俯瞰的に捉える思考法	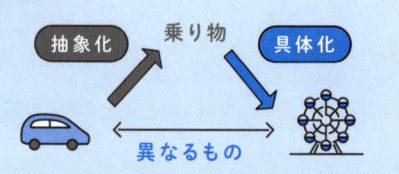
抽象化の例	本に書いてある内容から、幅広く使える要素を取り出す 極端な糖質制限で老化や短命化する（マウスで実験した研究）	極端な行動は体に良くない 抽象化　具体化 健康食材も極端な食べすぎは体に良くない
抽象化のコツ	・物事の共通点を探す ・要するに（つまり）〇〇と言い換える	・図解に落とし込む ・具体抽象思考の本を読む
抽象化を学べる本	抽象化が難しいと感じたら、こちらの本がオススメ。具体例を通じて、わかりやすく解説されている。	具体抽象化をこれでもかというくらいわかりやすく解説。更には51問もトレーニング問題がついているので具体抽象化力がつく。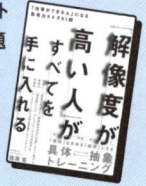

「具体抽象読書」の応用

次は応用編です。次に紹介する抽象化を使った思考法でさらなる学びを得られます。

▶ 既知との共通点を見つける

抽象化した学びに対して、既知との共通点を見つける方法を解説します。次の学びを見てください。

① 「過酷な環境での植物の種類はわずか400種」からは、「ライバルの少ない環境だから生存可能」という学び

② 「普通の床屋よりも高単価・低コストで営業しているQBハウス」は「競合他社がおらず、一人勝ち状態」であるという学び

両者の共通点として、競争が存在しない新しい市場を創造し、ビジネスを展開する。つまり経営戦略でいう「ブルーオーシャン戦略」であるといえるのではないでしょうか。

このように、**既知や抽象化済みの知識を結びつけることで、過去の抽象化した知識や、原理原則を結びつけられる**のです。

既知は読書で増えていきます。自分の引き出しが増えれば増えるほど、共通点が見つけやすくなります。

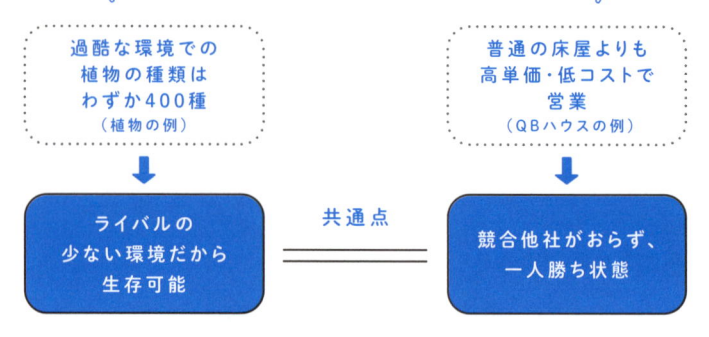

《 抽象化した知識と共通点を見つける 》

過酷な環境での
植物の種類は
わずか400種
（植物の例）

普通の床屋よりも
高単価・低コストで
営業
（QBハウスの例）

ライバルの
少ない環境だから
生存可能

共通点

競合他社がおらず、
一人勝ち状態

関係のない物事や出来事に共通点を見つけることで
思考力を上げ、他で使える知識になります。

▷ **例外を見つけてみる**

　ここで、デメリットをお伝えしておくと、抽象化してなんでもかんでも一般化すると、誤りや間違いにもなることです。例えば、年齢を重ねた人に言われる「最近の若い者は〜」というセリフ。若い人という括りで一般化しています。考えるとわかりますが、若者全員がそうとは限らないですよね。若い人から、「一緒にするな」という声が聞こえてきそうです。

　先ほどの植物とQBハウスの例ですと、過酷な環境での植物は、それだけ耐性を持っていないと生きられません。参入障壁が高いともいえます。一方、QBハウスは、既存の美容室や理髪店からみたら、店舗や人材、仕事のやり方をすぐに変えるのは難しいですが、参入障壁は高いとはいえないのではと思われます。その証拠に、すでに競合他社も参入してきていますよね。

このように、**抽象化した事象の中で例外を見つけていくのも学び**となります。

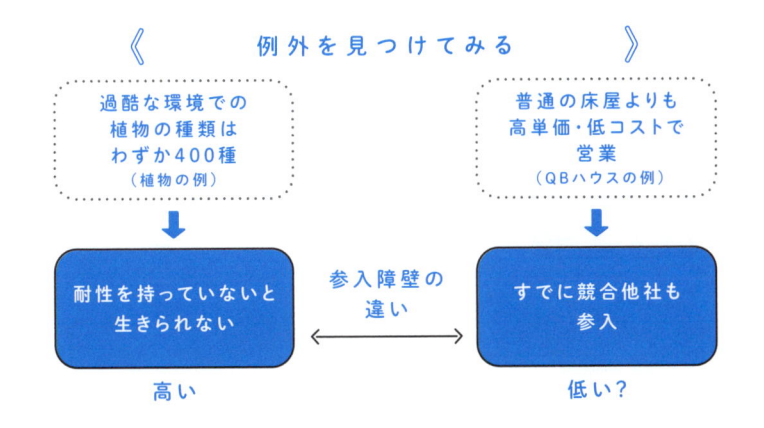

▷ 抽象化した学びをストックしていく

　一度抽象化した学びは、今後の読書にも活かしていけます。本から学び、抽象化したら、読書ノート等に書いていき、いつでも引き出せる状態を作るのです。具体的な方法は、次章のアウトプット編で詳しく説明します。

　これを実践する利点は、既知が増えれば増えるほど、共通点を見つけやすくなり、学びが楽しくなることです。

▷ 抽象化のメリット

　抽象化は、いろんな分野の本から学びを得られるメリットだけではありません。他にも多数存在します。

共通点を見つける方法

抽象化した知識と共通点を見つける

過酷な環境での
植物の種類は
わずか400種
（植物の例）

↓

ライバルの
少ない環境だから
生存可能

共通点

普通の床屋よりも
高単価・低コスト
で営業
（QBハウスの例）

↓

競合他社が
おらず、
一人勝ち状態

関係のない物事
や出来事に共通
点を見つけること
で思考力を上げ、
他で使える知識
になる。

既知や抽象化済みの知識と結びつける

ブルーオーシャン
戦略

競合他社がおらず、
一人勝ち状態

抽象化した知識は、過去の
抽象化した知識や、原理原
則を結びつけられる。既知
が増えれば共通点を見つ
けやすくなる。

無関係な分野の知識も結びつく

建築の工程管理

結びつける

開発の工程管理

一見関係のない分
野でも、抽象化をし、
本質を取り出すと、
他分野への適用が
可能になる。

共通点を見つけるのに役立つ本

アナロジー思考とは、一見
関係のない分野から知見
を転用し、アイデアを発想
する手法。正に本図解の
「共通点を見つける手法」

です。この手法を知れば、
他分野の知識や経験に意
味があると理解できる。共
通点を見つける思考を深掘
りしたい人におすすめ。

・日常生活にも応用できる

抽象化は日常生活を学びの場に変えます。家族とのコミュニケーション、近所のお店でやっていたキャンペーン、テレビで知ったニュースなど、日常からでも学び取ることができるようになります。日頃からアンテナを張っておくと良いでしょう。

・発想を広げられるようになる

具体的な事象の抽象化は、適用できる範囲が広くなるため、アイデアの発想に役立ちます。抽象化は具体例から離れ、普遍的なアイデアに焦点を当てるため、新たな視点やクリエイティブな発想を促進します。これにより、問題解決の柔軟性と創造性が増大します。

・説明力がつく

日頃から抽象化をしておくと、物事を説明するときに、例えが出やすくなる効果があります。いろんな事象を抽象化し、共通点を考えているからこそのメリットです。

抽象化は、恩恵を享受しつつ、楽しんで学べる最強の思考法なのです。

> POINT
>
> **具体抽象化は、ゲーム感覚で**
> **すべての学びが自分ごと化する**

具体抽象読書とは...

抽象化→共通点を見つける

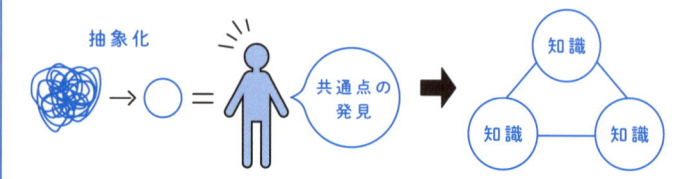

抽象化

共通点の発見

知識

知識　　知識

読書中、重要な内容や結論の部分を読んだとき、ただ知識を入れるのではなく、抽象化と共通点を見つけることで考える力がつく。

関係のない物事に共通点を見つけ、知のネットワークを作る読書術。

実践する4つのメリット

考える力がつく

知識をもとに考えることで試行する力がつく

記憶しやすくなる

知識と知識のつながりは記憶しやすさに繋がる

いろんな本から学びを得られる

離れた知識とも繋げられるので他分野の本にも使える

日常生活にも応用できる

日常生活でのちょっとした出来事にも適用できる

理解を容易にする「古典」読書の3ステップ

　「すべてのビジネス書の源流は古典にある。よってビジネス書はなんて読まずに古典だけ読んでおけばいい」こういった発言はよく耳にします。ビジネス書ばかりを読んでいた頃にこの発言を耳にし、今までの行動を全否定された気持ちになりました。なにせ古典は難しく、まったく選択肢に入ってなかったのですから。読みやすく、すぐに実践できるビジネス書のほうが手が出しやすいですからね。

　なぜこのような発言になってしまうかというと、読書のプロは当然古典も読めます。濃い本を読んでいくと、初心者向けに書かれた本を読んだときに内容が薄く見えてしまうのです。

　読書のプロが読書初心者の気持ちに立てなくなる瞬間です。

　古典を読めるなら読んだほうがいいのは間違いありません。しかし、問題もあります。**学びが濃いということは、その分だけ自分に落とし込むのも難しい**ということです。

　「古典はカルピスの原液であり、最近のビジネス書はカルピスを薄めたもの」ともいわれています。しかし、カルピスを原液でゴクゴクおいしく飲める人は極少数なのではないでしょうか。少なくとも私は、友だちの家に遊びに行ったときに飲み物にカルピスの原液をビン1本出されたら、3度見します。

　原液ではなく、まずはカルピスウォーターで慣らしていき、やがては原液にチャレンジする。この順ではないと飲むことすらやめてしまう恐れがあるのです。

ものごとには順序があります。1階から2階へジャンプしても届かないように、一足飛びに進もうとしても挫折してしまいます。2階に上がるのに、ボルダリングの壁しかない物件を選ぶ人は一部のマニアしかいないと思います。では、階段があればどうでしょうか。着実に2階へ上がることができると思いませんか。古典においても、いきなり原書を読もうとしても、理解できずに挫折します。細かいステップが必要なのです。

これから紹介する方法は難しい本を読み解くのに必要なステップとなります。古典にチャレンジしたい人はやってみてください。

(**STEP.1**) **動画またはマンガ版でざっくり理解**

まずは、動画やマンガ版でざっくり内容を理解をします。「いきなり本を読まなくていいの？」と思う人もいるかもしれません。

近年は要約動画で学べる時代。短時間で安価に、かつ容易に理解できるコンテンツに手が届く時代ともいえます。

大抵の動画は、スマホでアプリを起動すればすぐに手に入れられます。適切に利用すればこれほど便利なコンテンツはありません。

ただし、次の注意点もあり、必ず理解した上で利用してください。

▷ **個人で作成している動画は、品質にバラツキがある**

YouTubeのような個人で発信できるプラットフォームの要約動画は、専門家のチェックなしでアップロードされているものばかりです（中には第三者のチェックがされているのもあるかもしれませ

ん)。そのことを頭に入れて観てください。一方で、書店で販売されている『マンガでわかる○○』といったマンガ版なら、出版する過程で出版社や専門家のチェックが入るので、ある程度信頼できるでしょう。

▶ わかりやすさを重視すると、正しさが置き去りになる

YouTubeは読者が理解できるよう、わかりやすさを重視して作られています。そのため、複雑な概念や例外的な内容を省略し、単純化して表現しているケースがあります。そのため、表面的な理解に留まってしまう落とし穴があるのです。

上記注意点を踏まえ、私が推している動画コンテンツを2つ紹介します。

・「100分de名著」（NHK）

難解な古典をわかりやすく噛み砕いて学べるNHKの番組です。1回25分、計100分で1冊を学べる構成となっています。テレビ番組なのでこれから放送するものしか観られませんが、お金を払えば別です。サブスクサービスに入れば過去放送も観られます。ぜひ検討してみてください。

・「アバタロー」（YouTube）

古典を学べる動画を発信するアバタローさんのYouTubeチャンネルです（www.youtube.com/@Aba_Book_Tuber）。古典を読み解くには背景知識が必要ですが、動画内で解説してくれるので安心

して観られます。過去動画はかなりの本数がアップされており、学びたい本があったら検索をかけてみてください。高確率でヒットすると思います。

STEP.2 解説書で学習

次は解説書で学習します。動画やマンガよりも、網羅的に学べるのが特徴です。階段をステップアップするように、STEP.1 の動画やマンガよりも詳細な内容を学ぶことができます。もし、STEP.3 の原書にあたる場合には選書が重要です。原書のどこを解説しているかが載っている本を選ぶ必要があります。そうでないと、解説書→原書をあたる際の手がかりがないからです。例えば、君主論の解説書『すらすら読める新訳 君主論』(マキャベリ・著、関根光宏・訳、サンマーク出版)は、「どの原題をもとにしているか」が書いてあるため、原書と対応付けができます。

ここでは読むだけでなく、より深く学びたい部分をメモしてください。メモした内容を STEP.3 で使用していきます。

STEP.3 辞書のように原書にあたる

ここではじめて原書を読みます。ポイントは、すべて読むのではなく、学びたい箇所のみを読むことです（もちろん、すべて読めるなら読んでも構いません）。

カルピスの原液をビン1本出されたら、私は3度見します。でも

おちょこで出されたら？　2度見しながらもなんとか飲めるかと思います。古典も同様に、動画や解説書を読んでも難しいのには変わりありません。しかし、部分的に読めばいいと思えばどうでしょうか？

そこで登場するのが、(STEP.2) でメモしたキーワードや学びたい箇所だけを辞書のように読む方法です。先ほど例にあげた『すらすら読める新訳 君主論』の第2章を読もうと思った場合、原題として載っている「世襲型の君主国」をもとに探します。『君主論（岩波文庫）』のページを開くとすぐ出てきました。目次にある第2章「世襲の君主政体について」に相当することがわかります。解説書で内容が頭に入っているため、準備をしていない状態から読むよりも圧倒的に理解しやすいのが体感できると思います。

ただし、注意点が2つあります。

・無理して読まなくていい

本当に難しい本は部分的に読もうとしても、難しいことに変わりありません。特に哲学は文章表現が回りくどく、一文を理解するのにも苦労する本も存在します。試し読みし、まったく理解できなければ、無理して読む必要はありません。

・辞書のように読めるかは本次第

先ほどの『君主論』のように、解説書に「どこに書かれていたかわかる」タイプの本であれば、問題ないでしょう。しかし、探せない場合もあります。どこになにが書かれているかはわからない場合

は、探すだけでも時間がかかってしまう可能性があります。これを防ぐ場合は解説書に引用元はどこなのかが書かれている本を選ぶ必要があります。

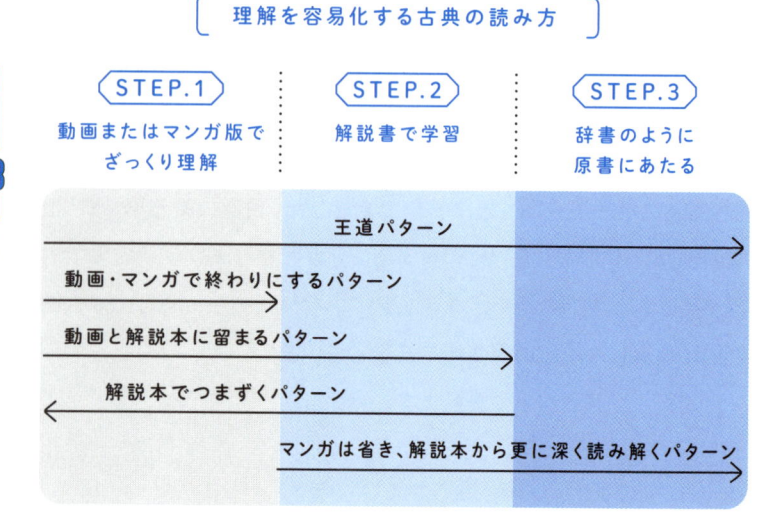

ここでおすすめのシリーズ本を紹介します。

マンガ版でおすすめなのが、イースト・プレス社から刊行されている『まんがで読破』シリーズです。多数の本が出版されており、興味のある本から読み進められます。

解説書のおすすめは『ビギナーズ・クラシックス』シリーズ（KADOKAWA）。分量は少ないですが、読みやすく書かれています。

▷「理解を容易化する古典の読み方」の組み合わせ

実はこの読書術、必ずしも (STEP.1) → (STEP.2) → (STEP.3) の順でなくても構いません。マンガや動画で学ぶほどでないと思ったら、(STEP.2) からはじめても構いませんし、原書にあたるほどでないと感じたら (STEP.1) と (STEP.2) だけでも良いのです。柔軟な使い方ができるのが、この読書法の特徴です。

パターン別に解説します。自分にあった方法を見つけてみてください。

・王道パターン　(STEP.1) → (STEP.2) → (STEP.3)

順を追って丁寧に学んでいきたい人向け。階段を1段ずつ上っていくので、無理なく学べるスタイルです。

・動画・マンガで終わりにするパターン　(STEP.1) のみ

動画やマンガを読んで終わりにするパターンです。特に動画だけのインプットはあまりおすすめしません。噛み砕いた解説はわかりやすく、入口としては良いですが、その分学びも薄くなってしまいます。学ぼうと手はつけたものの、そこまでのものではない。そう思った人は解説本まで読まなくても良いでしょう。

・動画と解説本に留まるパターン　(STEP.1) → (STEP.2)

正直、解説本を読めば、大体7割ほど理解できます。ここで十分な理解レベルに達していると思えば、無理して (STEP.3) にチャレンジしなくても良いでしょう。また、原書が難読本の場合もこの

CHAPTER **03** 「知る」を最大化する本の読み方

ケースに当てはまります。例えば、カントの『純粋理性批判』やハイデガーの『存在と時間』は世界的な難読本としても知られており、専門家ですら理解するのが困難な本です。

・解説本でつまずくパターン　STEP.2 → STEP.1

　「解説本が思ったよりも難しい」なんてこともあります。書店で立ち読みすれば事前に防ぐことができますが、ネット書店で購入した場合はあり得る話です。特に哲学書では、『〜入門』というタイトルだとしても、読んでみると意味がわからない。なんてケースはよくあります。なぜこのようなことになってしまうかというと、そもそも哲学書自体を読み解くのが難しいためでもあるのです。

・マンガは省き、解説本から更に深く読み解くパターン
STEP.2 → STEP.3

　ある程度の読解力がある人は、動画やマンガをすっ飛ばしても良いでしょう。普段から読書習慣がある人向けのパターンとなります。

利点を最大化する「電子書籍」の使い方

この項では、電子書籍を使った読書術をお伝えしていこうと思います。

「電子書籍？　使ったことがないので紙の本でいいです」という人も、電子書籍のメリットを知るときっと使いたくなりますよ。

私も最初は「は？　電子書籍？　紙だろ紙！　紙しか勝たん！」と思っていましたが、今では電子書籍（主にKindle）が日常に入り込んで5年が経ち、すっかり電子に染まっています。それだけ使い勝手が良く、便利なものなのです。

Kindleの魅力は、試しに使っただけではわかりません。便利な機能を知り、使いこなしてこそ実感するものです。紙派だった人も、Kindleの便利さに魅了された人も知っています。それくらい、活用すればするほどKindleの引力から抜け出せなくなると思います。

それでも「やっぱり紙の本がいい！」という人もいますし、古くからある媒体で、紙の本も良いところがあるのも事実です。

しかし、**紙の本では不可能なことも、電子書籍では容易に実現できる**のも事実なのです。

それでは、電子書籍のメリットを解説していきます。普通に使っていたら気づかない機能もあります。気になった機能は使ってみてみるのが良いでしょう。

メリット.1 … 持ち運び便利（省スペース）

　電子書籍はスマホやタブレットさえあれば、何十冊でも何百冊でも持ち歩くことができます。紙の本だとカバンの中に何十冊も持ち歩けないですよね。仮に入ったとしてもカバンが壊れるほどの重量になります。断捨離の必要もありません。はっきり言ってこの違いは大きいです。

メリット.2 … 読書ノートをつけやすい

　ハイライトを引いた箇所をコピーできる機能が備わっています。読書ノートを電子データとして記録している場合のみですが、引用や転記が1操作でできるほど簡単なのです。
「読書ノート作成の生産性」という観点では、メリットがあるといえます。

メリット.3 … 特定のキーワードで検索ができる

　電子書籍ならではの機能として、キーワード検索ができることがあげられます。虫眼鏡マークから特定のキーワードで検索すると、ヒットした箇所とその周辺の文章を一覧表示できます。あなたは本で調べ物をするときに、紙の本だとどこになにが書かれているか、時間がかかってしまうのではないでしょうか。そんなとき、Kindleならワードさえわかれば一気に知りたい箇所にジャンプすることが

できます。

また、本のどこかに書いてあったけど、どこに書いてあるかまでわからないときにも、キーワード検索でジャンプできます。これが紙の本だと、どこに書いてあるかを短時間で探すのは至難の業だと思います。

ピンポイントで用語等を調べたいときはこの上なく便利なのが、検索機能なのです。

メリット.4 … セールで安く購入できる

どの書店に行っても本は定価販売です。商習慣によるところですが、いつまで経っても値下げはされません。

一方、電子書籍はたびたびセールが行われます。特にKindleはセールを活発に実施しているため、お得に活用すればかなりの金額を節約できます。

メリット.5 … 品切れがない

書店に行っても目当ての本が置いてあるとは限りません。日々、新刊が発売されるため、古い本は手に入らないことがありますし、絶版本は二度と書店に並びません。

一方、電子書籍は何冊ダウンロードされても在庫が0冊にはなりません。手に入らない本や在庫切れの本でも購入できることが電子書籍のメリットの1つです。

メリット.6 ··· ダウンロードしてすぐ読める

　紙の本だと、読みたいと思ってもネット注文で早くて翌日まで待たないといけません。書店に行く場合は、手間や時間、お金もかかります。

　では、電子書籍ならどうでしょうか。購入ボタンを押し、ダウンロードするだけ。数秒で読むことができます。情報が溢れる現代において、時間の価値はますます高まるばかり。タイパを重視する現代人にとって、電子書籍はなくてはならないものなのです。

メリット.7 ··· 読み放題サービスがある

　AmazonのKindleには、月額980円で読み放題となるサービス「Kindleunlimited」を利用できます。本1冊1,500円と考えると、月に2冊読めば元が取れる計算です。特に多くの本を読みたい人におすすめのサービスです。

メリット.8 ··· 電子書籍Kindle独自の機能がある

　いろんな機能がありますが、一番は読み上げ機能がある点です。移動中、通勤中、家事中など、手が空いていないスキマ時間でも読書ができるメリットは計り知れません。

メリット.9 … 保管がラク

　電子書籍なら端末の容量が許す限り、1,000冊でも2,000冊でも保管できます。特に多読家にとっては救世主的なサービスです。本棚が溢れてしまい、本を処分しようと思っているが、手元に置いておきたい。そんな人は多少費用がかかりますが、電子書籍で購入し直すのも1つの選択肢です。

紙の本ではできない「Kindle」の4つの使いこなし方

　読み方も電子書籍独自の方法があります。紙の本ではできない読み方です。知ったら試さざるを得ない方法ばかりです。Kindle歴5年の私が実践している、便利機能を最大限活かす方法を解説します。

（ 技法① ） ハイライト&メモ活用術

　メモをしながら読書をしていく方法です。学びのあった箇所に対して、なぞるように指をスライドすると、ハイライト（マーキング）され、その箇所にメモができます。内容は、ペンや付箋が要らないので、外出先でも手軽にできる方法です。

（ 技法② ） 目次⇄章の行き来読み

　Kindleの場合、紙の本のように感覚的に読む場所がわからないため、直感的に特定のページを開くのが難しい媒体です。でもこの方法なら、紙の本のように目次で読むと決めた章をピンポイントで読むことができます。「効率読書」で効果を発揮する方法です。
　Kindleには、「目次のリンクをタップすると、該当の章にジャンプする機能」と、「前回の場所に戻る機能」を兼ね備えています。この2つを利用し、該当の箇所のみを読む方法です。

▷ 目次のうち、読む箇所にハイライトを設定する

目次から読む箇所をハイライトします。読む箇所を見失わないための方法です。「効率読書」では目次に線を引きましたが、Kindleではハイライトで代用します。

▷ 目次から目的の章にジャンプする

目次の章のリンクをタップしてください。目的の章へジャンプします。

▷ 目次に戻り、次の章をタップする

Kindleは前回の位置を記憶しています。目次からジャンプしたとしても、後で元の位置に戻ることができます。この機能を利用し、目次から章へジャンプ→読み終わったら目次へ戻る。この繰り返しで特定の箇所のみを読み進められるのです。目次へ戻るには、画面の中央を1タップします。すると、右下に前回の位置が出てくるので、タップで戻ることができます（スマホアプリの場合の説明をしました。Kindle専用端末の場合は、画面の右下に「XXページに戻る」の部分をタップすると目次に戻れます）。

（技法③）読み上げ機能の活用

スマホのKindleアプリを利用すると、あなたのKindleに入っている書籍を音声化して聴くことができます。オーディオブックだと月に1,000〜1,500円かかりますが、この方法なら、無料で読み

上げが可能です。通勤中や移動中、家事をしているときでも読書ができるのです。

読んで実践すれば間違いなく読書量は増えます。私も利用しはじめてからは大幅に読書量が増えました。

読み上げの方法は、Android、iOS、Alexaアプリの３種類あります。具体的な方法は、「Kindle　読み上げ」でGoogle検索してください。ちなみに私が運営しているブログでも読み上げ方法を徹底解説しています（参照：https://bookumablog.com/kindleyomiage）。

（ 技法④ ） ハイライト一括表示を活用する

Kindle本のハイライトを自分のメモにコピーする場合、通常は１つ１つ選択して自分のメモに貼りつける必要があります。しかし、量が多いと面倒な作業。実はAmazonには、自分がハイライトした文書とメモを一括で表示できるありがたいページがあるのをご存知でしょうか。

下記がサイトのURLです（Amazonへのログインが必要です）。

https://read.amazon.co.jp/kp/notebook

chromeやedge、safariなどのブラウザで表示できるため、範囲選択してコピーが簡単に行えます（ただし、本に設定されているコピー制限を超えてハイライトを設定した場合、すべてをコピーすることができない仕様となっています）。

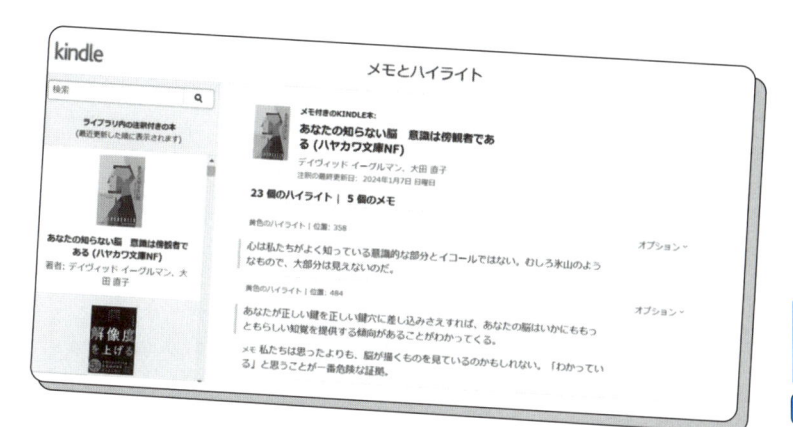

その他にも、単語を調べる辞書機能、頻出する単語をあらかじめまとめているX-Ray機能、特定のキーワードで検索できる機能など、Kindleには様々な便利な機能が備わっています。

紙の本ではできない「電子書籍（Kindle）の4つの使いこなし方」

技法①
ハイライト＆メモ活用術

なぞるように指をスライドすると、ハイライト（マーキング）される。その箇所にメモを入れられる

技法②
目次⇄章の行き来読み

1. 目次のうち、読む箇所にハイライトを設定する
2. 目次から目的の章にジャンプする
3. 目次に戻り、次の章をタップする

技法③
読み上げ機能の活用

無料で読み上げが可能
通勤中や移動中、家事をしているときでも読書ができる

技法④
ハイライト一括表示を活用する

Amazonには、自分がハイライトした文書とメモを一括で表示できるありがたいページがある

忙しい人でも学びを最大化する 「オーディオブック」の使い倒し方

　紙でも電子でも「本は目で見て読むもの」だと思っていませんか？

　実は聴く読書というものも存在します。オーディオブックとは、本を音読した音声を聴けるサービスです。Kindleの読み上げ機能と異なり、プロの朗読者が音読しているので、より聴きやすいのが特徴です。

　サービスを提供している事業者で有名どころだと、audibleとaudiobook.jpがあります。

　このサービスを知ったときの衝撃は忘れられません。音声で聴けるということは、イヤホンがあれば読書できるということです。音楽を聴く感覚で読書ができるのは、私にとっては革命的でした。当時、平日は毎日自宅から会社まで1時間半かけて会社に出社していました。往復で3時間です。それだけあれば骨太の本でも1冊読めてしまいます。

　当時の私は満員電車で押しつぶされており、ろくに本も開けません。その間はイヤホンで自然音を聴き、脳内だけはお花畑な気分で過ごしていました。そんなお花畑な人がオーディオブックを取り入れた結果、どうなったと思いますか？　通勤時間のほとんどが読書に変わりました。倍速機能を駆使すれば、1日1冊のペースでも余裕でした。お花畑で読書をするようになった瞬間です。オーディオブックは時間の有効活用という点で、メリットは計り知れません。

オーディオブックは耳で聴くだけでいいので、両手が塞がっていても読書が可能です。散歩しているとき、通勤しているとき、家事をしているときなど、読める状況にないときであっても読書ができるので、**時間の有効活用という観点ではとても優秀な媒体**となっています。

しかしながら、再生ボタンを押すだけという、受動的な読書なため、なかなか頭に入ってこないという方もいると思います。そこで、学びを最大化するオーディオブックの使い方を解説します。

技法 1 目を閉じて聴く

1つ目の方法として、「目を閉じて聴く」方法です。私たちは目から多くの情報を得ています。この情報をシャットアウトすることで、**耳から入る情報に集中できる**のです。朗読スピードを上げても、聞き逃しがグンと減るのを実感できるはずです。

リビングで落ち着いて聴くとき、電車の中、(ホットアイマスクで)目を休めたいとき、などで実践してみてください。

技法 2 オーディオブックを聴いてから本を読む

オーディオブックで聞いた後に本で復習する方法です。紙やKindle本を購入する必要があるため、お金はかかってしまいますが余裕のある方はやってみてください。

１．ながら読書で、一通り聴いておく

２．聴いたオーディオブックの中から気に入った本のみ、
　　実際に購入する

３．購入した本を読む

◎ メリット

・1度インプットしているので読む速度がアップする

・繰り返しのインプットにより記憶に定着する

・オーディオブックで理解できなかった箇所を見直せる

　オーディオブックを聴いて興味を持った。深く理解したい。そんなときには本も購入すると良いでしょう。

　ながら読書ではなかなか深く理解するのが難しい、という方はオーディオブックを補助的な位置づけにし、本をメインにするのが良いでしょう。最初に一通り聞いているので、理解しやすくなります。

技法 3　本を読んでからオーディオブックを聴く

　先ほどとは逆で、本を読んでからオーディオブックを聴く方法です。

１．すでに読んだ本がオーディオブックにあるかを確認する

２．ある場合はオーディオブックを聴く（ながら読書）

※ない場合は電子書籍の読み上げ機能を使用するのもアリ（ながら読書）

◎ メリット

・**本の全体像を把握しているので理解が容易**
・**繰り返しインプットにより記憶に定着する**
・**覚えたい章のみを繰り返しインプットできる**

　読んだ本の復習に適している方法です。繰り返し聴く環境を容易に整えられるオーディオブックならではの聴き方となります。

技法 4　繰り返し聴く

　同じタイトルの本を何度も何度も繰り返し聴くシンプルな方法です。繰り返し情報をインプットすることで、長期記憶に保存されやすくなるため、理にかなった方法なのです。スキマ時間でできるので、最も実践しやすいのが特徴となります。
　おすすめの機能は、**「ブックマーク」で特定の箇所まで戻れる機能**です。もう一度聴く際に重要箇所のみを聴くことができるからです。メモをする際にも役に立ちます。

技法 5　本を読みながら聴く

　こちらも本とオーディオブックの両方が必要となりますが、効果

は絶大です。

メリット
・メモをしながら読み進められる
・読み上げ速度を上げても理解しやすい
・視覚と聴覚の2つからインプットできる

　視覚と聴覚のダブルでインプットするので、理解するにも時間効率も良い方法となります。視界というインプットがあるため、読み上げの速度もいつもより引き上げても理解できます。

　メモを取りたい場合は、読み上げの一時停止が必須です。「一時停止するのが面倒」という人はワンタッチで一時停止できるイヤホンがおすすめです。スマホを触らずに止めることができ、便利に利用できます。

技法 6 倍速再生で聴く

　オーディオブックの最大の特徴は、読み上げ速度を変えられる点です。通常の速度だと、6時間かかる本であっても、2倍速なら半分の3時間、3倍速なら2時間、4倍速なら1.5時間で聴き終えることができます。最初は聴き取るのは難しいと思いますが、慣れの問題です。何度も聴いていくうちに聴きと取れるようになっていきます。**倍速聴きは、読書効率を上げるには最適な方法**なのです。

技法 1 目を閉じて聴く

情報をシャットアウトすることで、
耳から入る情報に集中できる

技法 2 オーディオブックを 聴いてから本を読む

オーディオブックを
補助的な位置づけにし、
本をメインにする

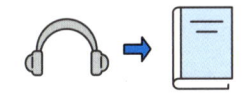

技法 3 本を読んでから オーディオブックを聴く

読んだ本の復習に
適している方法

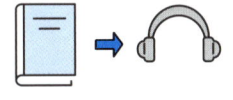

技法 4 繰り返し聴く

繰り返し情報をインプットすることで、
長期記憶に保存される

技法 5 本を読みながら聴く

視覚と聴覚のダブルでの
インプットにより、理解しやすくなる

技法 6 倍速再生で聴く

倍速聴きは、
読書効率を上げるには最適な方法

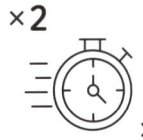

CHAPTER
03
「知る」を最大化する本の読み方

紙の本・電子書籍・オーディオブックの使いわけ方

　電子書籍(Kindle)とオーディオブックを解説したところで、この3つを最大限に活かす方法として、私の独自のメソッドを公開します。すべての媒体を使いつくしてきた私が到達した方法となります。

　三者三様、それぞれメリット・デメリットがあります。最大限に活かすには、メリットを活かし、デメリットを別の媒体で補完するのが本項でお伝えする方法です。

　電子書籍の最大のメリットである、省スペースなのと読書ノートを簡単につけられる点、読み上げ機能。これだけ機能が充実していると使わない手はありません。

　紙の本も電子書籍も一長一短でどちらも捨てがたいのです。ではどうするか？　本の特性により使いわけをする。これが私の最適解です。

紙の本 … 理解を最大化したいとき

　「集中して読みたい本」「難しい本」は紙の本を選びます。具体的には、古典や骨太のビジネス書、専門書などです。紙の本の次の特徴を活かします。

▷ 余白に書き込めて、直感的にメモができる

　線を引いたり、メモをしたり、付箋を貼ったりと、直感的に扱えて、深く理解するのに適している紙の本の特徴が、難しい本や骨太な本を集中して読むのには最適です。また、電子書籍よりも紙の本のほうが集中できるという研究論文もあります。

電子書籍 … 効率を最大化したいとき

　「効率良く読みたい本」「気軽に読む本」は電子書籍を選びます。具体的には、ノウハウ本やページ数の少ないライトなビジネス書。マンガもそうです。わかりやすい本ならば、理解しづらいという電子書籍の弱点も気になりません。また、場所を取らないため、ハズレ本を引いても放置できる利点もあります。

オーディオブック … ライトに読みたいとき

　「ストーリーのある本」「ライトなビジネス書や実用書」「集約型の本」はオーディオブックを選びます。オーディオブックのデメリットとして、「本にある図の確認が面倒」「前に戻っての聴き直しが面倒」「本の全体像がわかりづらい」などがあげられます。そのデメリットにあまり関係のない本を選ぶのがポイントです。

▷ ストーリーのある本
　本の全体像を知る必要はありませんし、基本的に図はありません。

▷ ライトなビジネス書や実用書

　難しい本ならば、わからないまま先に進み、もっとわからなくなる落とし穴があります。わかりやすい本の場合はどうでしょうか。基本的に「前に戻っての聴き直し」をする必要がありません。

▷ 集約型の本

　集約型の本は1章ごとに内容が完結するのが特徴です。そのため、仮に聞き逃したとしてもその先を聴いても支障がないのです。

▷ オーディオブックに合わない本

・難解な本

　回りくどい文章や、読みづらい文章、難しい内容を音声だけ理解するには、かなりの集中力が必要となります。難しい本は専門用語や難しい文章を理解する前に次の文章にいってしまうためです。

・図がないとわからない本

　オーディオブックにも図は添付資料としてありますが、散歩中や運転中など、手が離せないときに図を確認することはできません。手元で資料を見られる環境ならいいですが、音声の中で「図1を参照」のように図を確認しないとわからないような本は向いていません。

\ 良いとこ取り! /
紙の本、電子書籍、オーディオブックの使いわけ

紙の本		
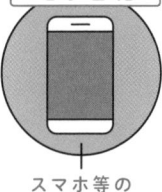	なにを読むか	・難しい本 ・全集中して読みたい本
	なぜか	・比較的、理解しやすい ・本に直接書き込みできる
	いつ読むか	・本に集中するとき ・時間をかけて読むとき
古くからある 説明不要の媒体	主なジャンル	古典、専門書、 骨太のビジネス書、小説

電子書籍		
	なにを読むか	・やさしい本、気軽に読める本
	なぜか	・速読するのにちょうど良い ・スキマ時間でも読みやすい
	いつ読むか	・スキマ時間、移動中 ・お風呂でリラックスしながら
スマホ等の 電子機器で 読めるようにした書籍	主なジャンル	ライトなビジネス書、 ページ数の少ない本、マンガ、 ビジネス小説

オーディオブック		
	なにを読むか	・ストーリーのある本
	なぜか	・プロのナレーターによる 　朗読は物語の世界観に 　引き込んでくれる ・順を追って読む本は 　音声との相性が良い
	いつ読むか	運転中、散歩中
朗読した内容を 音声化した書籍	主なジャンル	小説＋比較的やさしい本 …ビジネス書、実用書、 学術書

学びを最大化する「読書の集中力」の上げ方

「本を読むための集中力が続かない」という人はいませんか？
この項では、読書のための集中力の上げ方を解説します。

環境編 … 集中する場を作る

読書環境を整えることは、集中しやすい環境に繋がります。集中力がないのではなく、元々あった集中力が阻害されているかもしれません。環境は集中力に直結する要素なのです。

▷ デスクに物を置かない

デスクの上にある物、散らかった部屋、スマホの通知。視界に気が散る物があるだけでも集中力が阻害されてしまいます。障壁を取っ払ってあげるだけでも、読書に打ち込める環境が整います。

▷ テレビや音楽は消す

音楽を聴いている最中は、α波というリラックス状態にある脳波が流れています。α波状態のときは、集中力が上がるといわれています。ただし、歌詞がついている音楽はおすすめできません。聴覚から情報を受取ってしまい、負担が大きくなるとされています。また、無音のほうが集中できる人もいます。個人差があるのでどちらが合っているか実際に試してみてください。

▷ ノイズキャンセリングイヤホンを使う

ノイズキャンセリングイヤホンは、周囲の騒音を大幅に消してくれます。装着すれば読書中に聞こえてくる騒音が減少し、集中しやすくなります。お店の中や電車の中など、周囲の音が気になる人にとっては必須アイテムとなります。

▷ スマホを遠ざける

スマホはものすごく便利な反面、集中力を妨げる最大の敵でもあります。「メールの通知」「SNSでいいねが来ていないか」気になる人は多いのではないでしょうか。集中という観点ではマイナスです。もしスマホの通知が気になる人は、読書中は別の部屋に置くなどして遠ざけたほうが読書に集中できるはずです。

▷ 読む場所を変える

家で読もうとしても、他のことが気になったり、家族からの声かけがあったりして、集中できない。そう悩んでいる人は、居場所を変えてみてください。

・図書館や喫茶店に場所を変えてみる
・別の部屋で読んでみる

ずっと同じ場所で作業するよりも、居場所を変えるだけで集中力が変わります。

＼ 学びを最大化する集中力の上げ方 ／

環境編 ── 「集中する場を作る」

▷ **デスクに物を置かない**
視界に気が散る物があるだけでも集中力は阻害される
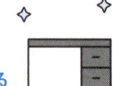

▷ **テレビや音楽は消す**
聴覚から情報を受取ってしまい、負担が大きくなる

▷ **ノイズキャンセリングイヤホンを使う**
読書中に聞こえてくる騒音が減少し、集中できる

▷ **スマホを遠ざける**
スマホは集中力を妨げる最大の敵

▷ **読む場所を変える**
ずっと同じ場所で作業するよりも、
居場所を変えるだけで集中力が変わる

読み方編 … 集中力を持続する

　次に集中力が増す読み方を解説します。読み方を変えるだけでも、集中力を上げることができます。

▷ 休憩時間を設定する

　長時間一気に読み進める行為は、集中力を低下させてしまいます。休憩時間は、疲れを取り、集中力を保ちながら読書に取り組むこと

ができます。具体的には、10 〜 25分間読書に集中し、その後に5分間休憩。これを繰り返す方法がおすすめです。休憩時間にはスマホを見ず、体を動かしたり深呼吸などを取り入れたりして、脳をリフレッシュさせることが大切です。

▷ 制限時間を設ける

制限時間があるほうが、自分にプレッシャーがかかります。より効率的に読書に集中し、時間内に読書を完了することができる効果があるのです。

▷ 姿勢を正す

正しい姿勢で読書をすることにより、血流が良くなり、集中力や頭の回転が上がる効果があります。科学的にも実証されています。

▷ 集中できないときは別の本を読む

読んでいる本に集中できないときは思いきって別の本に切り替えてもいいです。自分が興味のある本はモチベーションを高めてくれます。特に難しい本を読むときは、興味のある本と交互に読むと集中力を持続しやすいです。

▷ 疲れているときは仮眠をする

どんな対策をやっても集中できなかったり、眠かったりするときってありませんか？　そんなときは10分ほど仮眠をすると良いでしょう。

＼ 学びを最大化する集中力の上げ方 ／

 読み方編 ──「集中力を持続する」

▶休憩時間を設定する

休憩時間は、疲れを取り、集中力を保てる

▶制限時間を設ける

制限時間があるほうが、自分にプレッシャーがかかる

▶姿勢を正す

血流が良くなり、
集中力や頭の回転が上がる効果がある

▶集中できないときは別の本を読む

自分が興味のある本はモチベーションを高めてくれる

▶疲れているときは仮眠をする

疲れているときは10分ほど仮眠をする
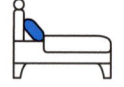

第3章のまとめ

　第3章では、「効率的な読み方」と「深く読む方法」また、電子書籍やオーディオブックの活用法も解説しました。読み方が変われば、効率も深さも大きく変わることでしょう。

　第4章では、読んだ内容を実際の行動や成果に変換するアウトプットの技術について詳しく解説します。アウトプットにより、学んだ知識が自分の身になっていきます。

効率読書
～1冊30分、効率を最大化する本の読み方の方法～

**目的を定め、全体を把握した上で
目的の箇所をピンポイントで繰り返し読み込む方法**

具体的手順

①読む目的、目標を設定する
②まえがき、目次、あとがきで
　ざっくり全体を把握する
③目次から目的に合った箇所に線を引く
④ラインを引いた箇所を
　付箋を貼りながら読む
⑤メモを取りながら読む
⑥付箋の箇所を再読する
⑦アクションプラン、感想を
　アウトプットする

効率を最大化する本の読み方が合う本の特徴

・ビジネス書、実用書
・集約型の本を読むとき
・同分野の2冊目以降の本
・目標型選書、
　悩み解決型選書で
　選んだ本

探究読書

文字情報から学びを膨らませ、知のネットワークを作る読書法

具体的手順

① 読む目的、目標を決める
② まえがきと目次から全体像と構成を
　頭に入れる
③ 1章ごとに深く読み込み、
　メモと付箋を繰り返す
　・用語を調べる
　・経験と照らし合わせる
　・反論や自分の意見を考える
　・自分に質問しながら読む
④ 付箋の箇所とメモを再読する

探究読書が
合う本の特徴

・知の体力型選書で
　選んだ本（教養本）
・「目標型選書」または
　「悩み解決型選書」で
　選んだ本の1冊目
　（新しいジャンルの1冊目）
・学びが深く
　名著だと思った本

抽象化と転用でつながりを見つける
具体抽象読書

本に書いてある内容から本質を抽出し、別の学びへと適用する読書法

・抽象化とは、高い視点で
　ものごとを捉える思考法
・事象から概念や法則を
　抽出するのが、抽象化の読書
・抽象化した学びは、自分ごと
　に落とし込み、発展させる

抽象化のコツ

・物事の共通点を探す
　（似ているものを探す）
・図解にする
・要するに（つまり）〇〇と言ってみる
・抽象思考の本を読む

抽象化読書メソッドの応用

・既知との共通点を見つける
・例外を見つけてみる
・抽象化した学びをストックしていく

抽象化のメリット

・日常生活にも応用できる
・発想を広げられるようになる
・説明力がつく

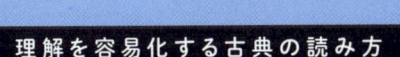

理解を容易化する古典の読み方

古典をわかりやすく学ぶための読書法

具体的手順

①動画またはマンガ版でざっくり理解
②解説書で学習
③辞書のように原書にあたる

「理解を容易化する古典の読み方」の組み合わせ

・王道パターン①→②→③の順だけではなく、状況により使いわける
・動画・マンガで終わりにするパターン①のみ
・動画と解説本に留まるパターン①→②
・解説本でつまずくパターン②→①
・解説本から更に深く読み解くパターン②→③

 # 利点を最大化する電子書籍Kindleの使い方

電子書籍Kindleの利点を活かした、紙の本では不可能な読書法

・ハイライト&メモ活用術
・目次⇄章の行き来読み

・読み上げ機能の活用
・ハイライト一括表示を活用する

電子書籍のメリット

・持ち運び便利（省スペース）
・読書ノートをつけやすい
・特定のキーワードで
　検索ができる
・セールをやっていることがある
・品切れがない

・ダウンロードして
　すぐ読める
・読み放題サービスがある
・電子書籍独自の
　機能がある
・保管がラク

忙しい人でも学びを最大化する
オーディオブックの6つの使い方

受動的なインプットであるからこそ、身になる聴き方がある

- 目を閉じて聴く
- オーディオブックを聴いてから本を読む
- 本を読んでからオーディオブックを聴く
- 繰り返し聴く
- 本を読みながら聴く
- 倍速で聴く

紙の本・電子書籍・オーディオブック
3つメリットを最大限に活かす、使いわけ方

紙の本を選ぶとき	「集中して読みたい本」「難しい本」
電子書籍を選ぶとき	「効率良く読みたい本」「気軽に読む本」
オーディオブックを選ぶとき	「ストーリーのある本」「ライトなビジネス書や実用書」「集約型の本」

学びを最大化する集中力の上げ方

環境による方法	・デスクに物を置かない ・テレビや音楽は消す ・ノイズキャンセリングイヤホンを使う ・スマホを遠ざける ・読む場所を変える
読み方による方法	・休憩時間を設定する ・制限時間を設ける ・姿勢を正す ・集中できないときは別の本を読む ・本当に眠いときは仮眠をする

CHAPTER
04

「知る」を最大化する
アウトプットの仕方

ここからは、私が行ってきたアウトプット法について解説していきます。「読んだだけで満足してしまう」「どんなアウトプットをすればいいかわからない」を解決します。

　読めば、自分のレベルに合ったアウトプットができるようになるでしょう。

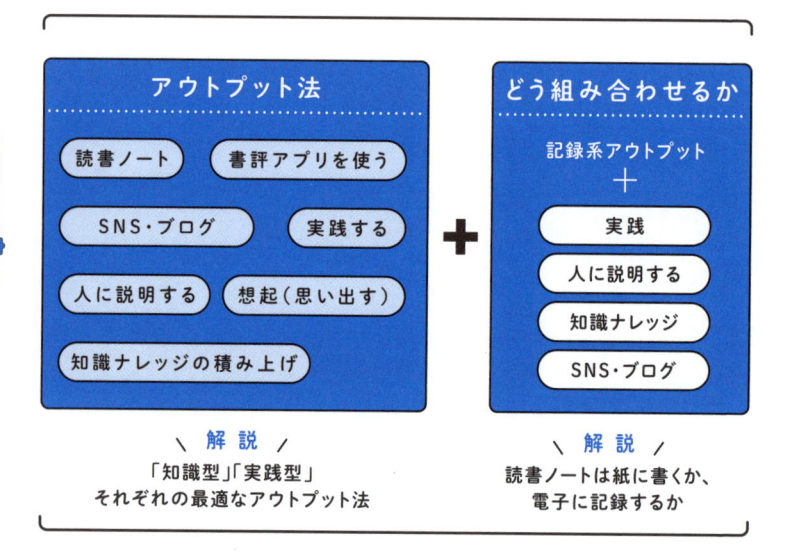

[本 章 の 構 成]

アウトプット法
- 読書ノート
- 書評アプリを使う
- SNS・ブログ
- 実践する
- 人に説明する
- 想起（思い出す）
- 知識ナレッジの積み上げ

＼ 解説 ／
「知識型」「実践型」
それぞれの最適なアウトプット法

＋

どう組み合わせるか
記録系アウトプット
＋
- 実践
- 人に説明する
- 知識ナレッジ
- SNS・ブログ

＼ 解説 ／
読書ノートは紙に書くか、
電子に記録するか

「知」の活用は「身」になり、アウトプットは資産になる

　読んだだけで学んだつもりになってしまう。よく聞く話です。私も過去には、いろんな本を買っては読み、それだけで満足していました。当然、自分のものにはなりませんでした。

　よほどの天才でない限り、1度インプットしただけでは自分の身にはなりません。

　学生の頃、授業を受けただけでは身につくことはほとんどなかったのではないでしょうか。少なくとも私は、テスト勉強をせず、成績が落ちた経験があります。ちなみに、テスト勉強をしても成績が上がらなかった経験もあります。

　そこで必要なのがアウトプット。学んだ知識を使い、自分のものにするのです。**人の記憶は、使えば使うほど長期記憶に保持されるようになり、資産となっていく**のです。

　日々の読書でアウトプットするのとしないのとでは雲泥の差が生まれてしまいます。

　本を読むだけでも読まないよりいいですが、どうせ学ぶなら身につけたいですよね。

本の種類「実践型」「知識型」により 最適なアウトプット方法は違う

アウトプットが重要なことはわかっていると思います。しかし、ただ闇雲にアウトプットすれば良いわけではありません。「正しい作法」があるのです。ただアウトプットするのではもったいない方法も存在しますし、本の種類によっても向き不向きがあるのです。

私は日々のアウトプットの実践を通じて、本には読んだ内容を行動に移していく「実践型の本」と、知識として身につけていく「知識型の本」があり、**適切なアウトプット法は種類により異なるという結論に至りました。**

▷ 実践型の本とは

ビジネス書や実用書が該当します。読んだ内容で、現実を変えていく。読者自身が変わるのを目的とした本です。本書も実践型の本になります。本には法則のないような抽象的なものから、具体的な方法が書かれたものまで対象となりますが、行動に移す場合は自分ごとにし、具体化が必要です。より実践に特化したアウトプット法がポイントです。

▷ 知識型の本とは

経済学、歴史など、知識として蓄えておける本が該当します。読んだことで引き出しが増え、自分の価値観の醸成に繋がるような本

です。読んだときには役立たなくても、思わぬ場面でアイデアの種になったり、例え話のネタになったりと、読むことで知識のネットワークとなる本です。知識を自分のものにするためにアウトプットするのがポイントです。

アウトプットの使いわけは本で変わる

実践型の本

ビジネス書や実用書

知識型の本

経済、哲学など
教養が身につく本

　読書術の本の多くには、「本を読んだ後は実践しなければ意味がない」という主張があります。しかし、本当にすべてに対してそういえるでしょうか。もちろん、コミュニケーション力の本や、仕事術の本であれば実践できると思います。しかし、経済学の本や、歴史の本だったらどうでしょうか？　実践するイメージはわかないはずです。ましてやミステリ小説の実践は恐怖でしかありません。

　日々のアウトプットの実践を通して、２種類の本をどう使いわけていくのかを試行錯誤し、本章ではそれぞれの最適を導き出しました。

本を読む前にどんなアウトプットをするか大まかに決めておく

　「実践型」と「知識型」で違うと言いましたが、本を読む前にアウトプット法を決めておくと学びの効率は段違いに変わります。本を読んでから、「さあどうやってアウトプットしようかな？」では遅いのです。

　『学びを結果に変えるアウトプット大全』（樺沢紫苑・著、サンクチュアリ出版）でも「アウトプット前提のインプットが重要である」と述べています。

　アウトプット前提でインプットするには、アウトプット法まで決めておくのが重要です。

　次からは私がおすすめするアウトプットと、その特性を解説していきます。自分に合ったアウトプットを見つけてみてください。

［ 実践型／知識型別 ］
読書アウトプットの7つの技術

アウトプットの技術 1
読書ノートをつける（実践型／知識型）

　読書において、最もオーソドックスなアウトプット法であり、いろんな人におすすめしたいのが「読書ノート」をつける方法です。読書ノートとは、本から得た学びや気づき、感想を書くノートのことです。ただ記録するだけが役割ではありません。**学びを言語化したり、後で見返すこともできる。自分だけのオリジナルな知の宝庫となる**のです。

　ここからは私が実践している、知を資産化する方法を解説します。読書ノートのつけ方に正解はありませんが、最適はあります。それぞれの特徴を理解し、あなたにとっての最適を見つけてください。

Level 1　要点と理由を箇条書きで書く

　まず、最も簡単な方法を紹介します。学んだポイント（要点と理由）を箇条書きで書く。これだけです。「読書ノート」というと、立派なものを書かなければいけない。という考え方もありますが、本当にそうでしょうか。私は違うと思います。どんな表現方法であっても、**自分の学びになれば、箇条書きでも良い**のです。

　要点だけでなく理由も書いておいたほうが良いでしょう。

経験はありませんか？　要点だけを箇条書きにし、後から見返したときに「あれ？　なんでこの結論なんだっけ？」と疑問が浮かぶことが。要点と理由をセットで書いておくことで防げます。

慣れてきたら、レベル2以降にチャレンジしてみましょう。

Level 2　要点をもとに、とにかく頭の中にあるものを書き出す

なにをアウトプットしていいかわからない。言語化が苦手。そんな人は頭の中のものを書き出してみてください。本を読み、要点を書き出した後、なんでもいいので頭の中にあるものをすべてアウトプットしていきます。これをワンセットとし、繰り返す方法です。ここで心がけるのは、立ち止まらずとにかく書いていくこと。

やってみるとわかるのですが、意外と書けたと感じてもらえると思います。「なにを書いてもいい」「誰かに見せるものではない」そう考えると、スラスラと出てくるものなのです。

Level 3　学びと自分の気づき、TODOを書く

本に合った学びとそれに対する自分の気づきやTODOを書いていきます。

このときのポイントは自分ごとにすること。経験や出来事を思い出し、当てはめた内容を書いていきます。**アウトプットの前に自分というフィルターを通せば、本の内容をそのまま書き出すよりも、高い効果が見込めます。**気づきは学びを促し、TODOは実践への手助けになるのです。

気づきを書くのが苦手という人は、第3章で紹介した「自分に質

問しながら読む」の問いに対するあなたなりの答えを書いてみてください。

・**重要だと思った箇所は？　その理由は？**
・**心に残った言葉はなに？　そのときの感情は？**
・**共感できた箇所は？　その理由は？**
・**明日からどう自分の行動に変えるか？**

Level 4 構造化する

　第3章の効率読書や探究読書で「目次を読んで本の全体を把握する」ことを解説しました。「構造化する」とは、本の骨組みをノートに見える化するアウトプット法です。

　この「構造化」は、この後に紹介するレベル5の「図解する」が苦手な人でも、実践しやすい方法となります。

　イメージしやすい例として、本書を構造化すると次のようになります。

・本の選び方　→　省略 ※
・本の読み方　→　省略 ※
・アウトプットの仕方
　→　実践型：ビジネス書、実用書
　　　　→実践する
　　　　→やることを具体的に書く（要点）

理由：　抽象的だと行動するイメージがわかない

　　　気づき：実践しようと思っても「やる場面がない」と思って

　　　　　　　いたのは、行動レベルに具体化していなかったのも

　　　　　　　要因の１つだ。アクションプランに「いつ、なにを、

　　　　　　　どのように」やるかをメモして実践する。

　→知識型：教養本（経済学、歴史など）　→　省略 ※

・習慣化の方法　→　省略 ※

※紙面の関係で省略

　このように、**読書ノートに階層を作ることで、自然と構造化して
いきます**。アウトプットすることで、第１章で解説した「繋げる」
の状態が出来上がります。読書メモは、構造の中に書いていきます
（※例では、要点、理由、気づきを記載）。

　このノート法のメリットは、知識体系の把握と、学んだ箇所が全
体のどの部分なのかが明確になることで記憶しやすくなることです。

　注意点もあります。**本の構造すべてを無理に書こうとしない**とい
うことです。

　第一階層はすべて書くとしても、その下の階層は無理して書く必
要はありません。読んで気づきや学びがあった部分だけにしましょ
う。すべて書こうとするとそれだけで膨大な量になり、ノートの作
成だけで挫折してしまいます。

Level 5 図解する

これを書くと「私には難しい……」そう思ってしまうかもしれません。大丈夫です。「図解」といっても綺麗なものではなく、手書きでサッと書くことが可能です。

図解するのに必要なことがあります。それは、書籍全体の構成と要点の理解です。文章を図解に落とし込む際、**必要なのは、無駄なものを削ぎ落とし、重要な部分だけを残す。図で表すということは情報量を減らすということでもある**のです。

では、どうやったら取捨選択できるでしょうか。それは、ものごとを理解する際、一部分だけを知るのではなく、全体を理解することです。この作業の過程で、なにを捨て、なにを残すのか、各要素との関係性はどうなっているのか？　全体を理解すると見えてくるのです。参考までに、私が要約図解として発信しているものを紹介します。

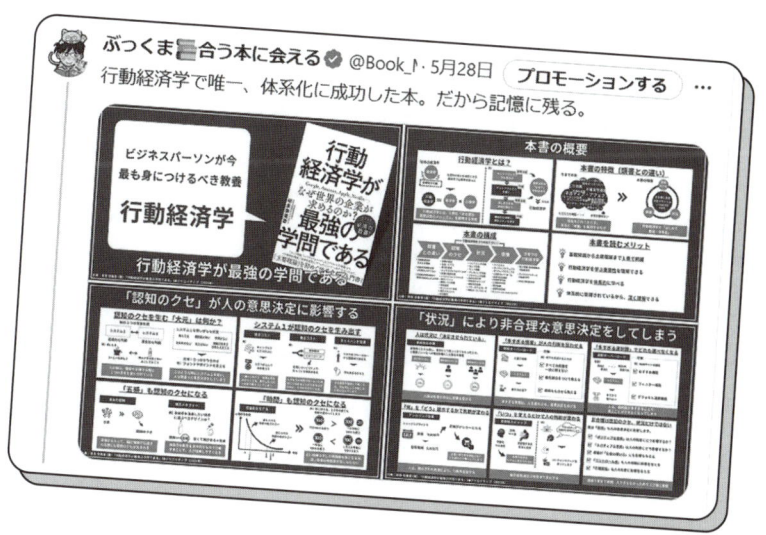

「これは作れる気がしない」そう思った人は多いかと思います。
結論、ここまでやる必要はありません。この図解は不特定多数に見てもらうため、作り込んでいますが、手書きなら、短時間で済みます。

手書きなら、次のようなイメージで十分です。

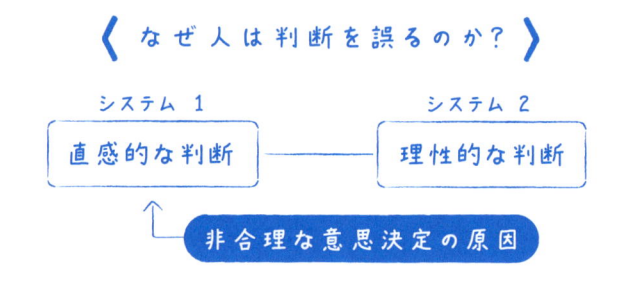

図解に慣れていない人に向けて、最低限必要な次の3つの要素をピックアップしました。

・線　　　・矢印　　　・囲み

また、作成するのにもポイントがあります。

・線：つながりを持たせる

システム1とシステム2はそれぞれ脳の判断基準であるため、線で繋げています。その対象がなにと繋がっているのかを表すためには、線を利用します。

・矢印： 時系列やものの遷移、原因や理由に使う

　矢印を示すことで、どういった順序、どういった流れなのかが明確になります。それ以外にも、理由や原因を示す際にも使うと良いでしょう。例では理由を示す際に使っています。

・囲み： 区別するのに使う

　外部との区別をする場合は、囲みを使います。境界線があることで、矢印や線を繋ぐ単位になります。例では、システム１とシステム２を区別する際に使っています。

　具体的な作図の方法は、３つのステップで簡単に作れます。

①本を読み、メモする箇所を特定する
②学んだ要素をキーワードとして書き出す
③キーワードに囲みを入れ、矢印で関係性を表現する

　矢印を書くのは難しいと感じるかもしれませんが、慣れれば簡単です。上記で説明した通り、理由だったら「理由」→「キーワード」のように書き、順序や流れも囲み同士で関係がわかるようにします。「A」と「B」２つの要素が同じであることを表現したい場合は、「A」－「B」と書きます。この場合、矢印ではなく線で関係性を表します。
　「図解する」についての図解を手書きでしてみました。次ページの図１は図解のメリットを端的に表した図です。情報を抽出することにより、重要な部分を抜き出せることを表しています。

図2は図解のやり方です。3つの手順と必要な要素がわかる図解です。

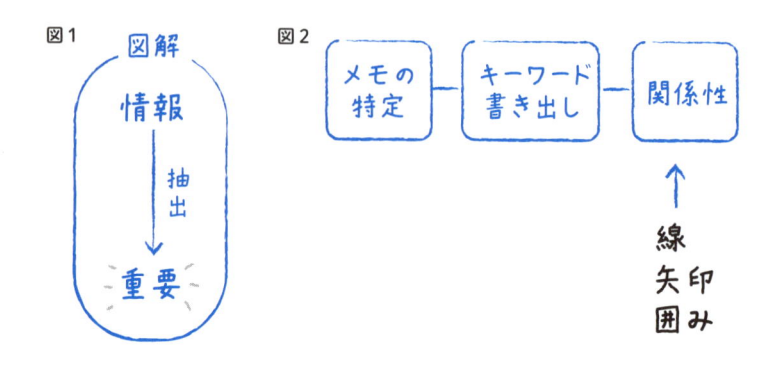

実はこの技術は、読書ノートだけでなく、打ち合わせやセミナーのメモでも使えます。大変そうに思えるかもしれないですが、逆です。書くのは文字と囲みと矢印と少しの文章だけ。**書く量が少なくて済むため、文章で表すよりも楽な割に頭に入る最強のメモ術**。実際にやっていて感じています。

こう考えるとやってみようと思えませんか？ 紙の読書ノートを使っている人は試してみてください。

図解を作るのにもっと詳しく知りたい人に、おすすめの本も紹介しておきます。
『頭がよくなる「図解思考」の技術』(永田豊志・著、KADOKAWA)
『なんでも図解 絵心ゼロでもできる! 爆速アウトプット術』日高由美子・著、ダイヤモンド社)

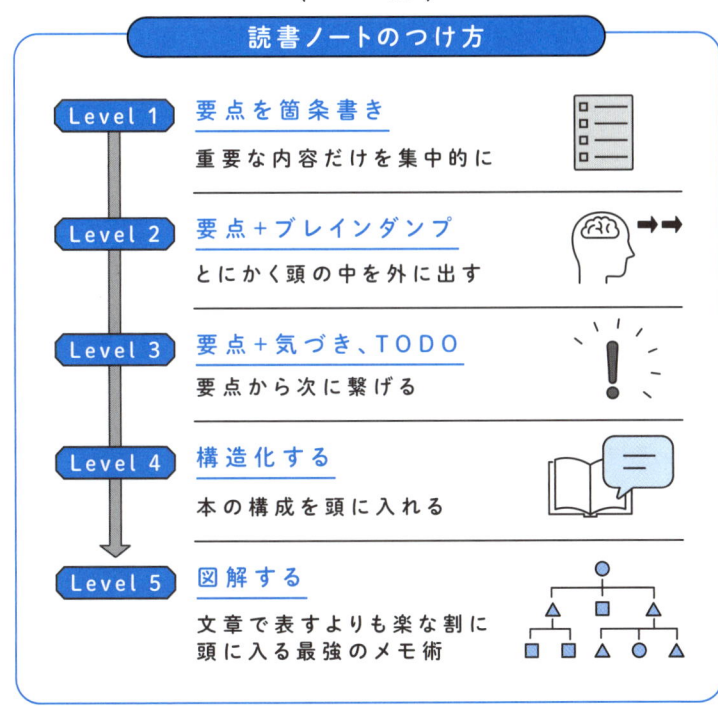

＼ レベル別 ／

読書ノートのつけ方

Level 1 要点を箇条書き
重要な内容だけを集中的に

Level 2 要点＋ブレインダンプ
とにかく頭の中を外に出す

Level 3 要点＋気づき、TODO
要点から次に繋げる

Level 4 構造化する
本の構成を頭に入れる

Level 5 図解する
文章で表すよりも楽な割に
頭に入る最強のメモ術

アウトプットの技術 2

学びを実践する（実践型向き）

　「本に書いてある内容を実践しよう」。そう思っても忘れたり、読んだだけになってしまう。そんな経験はないでしょうか。「昨日読んだことを実践しよう！」と意気込んだけれど、仕事が忙しく実践するのを忘れてしまったなんてことはよくありました。「どうすれ

ば忘れずに実践できるのだろう……」と試行錯誤していきついたのがこれからお伝えする方法です。防ぐのにはコツがあるのです。

▶ やることを具体的に書く

実践しようとすることが漠然としすぎてできない。例えば、会議に関する本に「議題は先に決めておく」という学びがあったとします。それをそのまま実行しようとするのではなく、「明日の〇〇の会議でファシリテーターをするときは、5分前に到着し、ホワイトボードに議題を列挙する」と決めるのです。後者のほうがより具体的で実践しやすいと思いませんでしたか？　**実践内容は具体的であればあるほど行動しやすくなる**のです。

▶ 新しい取り組みは1日1つに限定する

人は新しいことを複数同時にできるほど器用ではありません。「あれもこれも」とやろうとすると、結局1つもできない罠にハマってしまいます。本にはいろんなことが書かれており、なんでもかんでもやりたくなりますよね。私もやろうと思ったのにできなかった経験は多々あります。

私も手帳に3個も4個も実践する内容を書いていた時期があります。でもできないんです。

できるようになるためには3段階のステップがあります。

知る → やってみる → できる

意識せずとも「できる」ことは複数同時にできてしまいます。この感覚で本で「知った」内容を複数同時にやろうとしても、「できる」まで距離があるため、できないのです。意識して「やってみる」。ステップは1つずつ着実にこなす必要があります。

　自動車教習所でも、最初は「エンジンのかけ方」「アクセルやブレーキの踏み方」というように1つずつ覚えていきますよね。教習初日でいきなり公道での教習は無理なのと同じで、1日に3個も4個もはじめての内容は実践できません。

　たくさん実践したい気持ちをグッとこらえ、**「1日1つだけやる」これを守りましょう。**

▶ いつ実践するか、日付を決める

「新しい取り組みは1日1つに限定する」と決めた場合、「1日1つに限定することにより溢れた内容」や「明日やりたいけど機会がない」そんなケースに出くわすことになります。その対策が、**「実践する日付を決める」こと**です。明日できそうなら明日が最も良いですが、すでにやろうとしていることが重なっている場合は別の日にずらしてください。

▶ 実践する仕組みを作る

　実践する内容と日付を決めたら、必ず実行できる仕組みを取り入れます。いつも目にしておくのがポイントです。人は忘れる生き物ですからね。「やってみよう」としていることは、意識しないとできません。具体的なおすすめの方法が2つあります。

・ 付箋を貼ってデスクに貼る

実践する内容を付箋に書き、PCやデスクのどこかに貼るだけです。「PCに貼っていると他の人から見られてしまう」という人は、PCにある「付箋アプリ」を使うのも良いでしょう。

・ PCのカレンダー機能やスマホアプリを使用し、
　通知が来るよう設定する

PCやスマホには、その日時になったら通知してくれる機能があります。時間になったら通知してくれるので、忘れ止めに最適です。

どういった方法でもいつも目に見える位置に書いておけば、忘れる心配もありません。人は怠惰です。**意志の力に頼らない方法を取っていきましょう。**

▶ 実践したら、フィードバックの時間を取る

実践したら、そのときの気づきを書きます。やってみて**自分に合うのか？　合う場合は継続すべきですし、合わない場合はやめる決断も必要**です。これも仕組み化します。

具体的には、やることを書いた付箋に気づきを書く習慣にするなどが有効です。スマホアプリで管理するなら、アプリ内で気づきを書き入れられるような仕組みを選びましょう。

私はすべてNotionというデータベースで管理しています。特に忘れ予防に便利なのが、スマホのアラート機能がある点です。いつやるかを通知設定するだけ。その日、その時間になったらスマホが

TODOリスト

田 テーブルビュー　□ カレンダービュー　＋

Aa 名前	□ 実行予定日	≡ 気づき	☑ 実行	≡ タグ	↗ 読書リスト
1か月先まで休日の予定を組む	2024年2月4日		☐	時間術	幸福の達人 科学的に自分を幸せにする行動リスト50
予定を立てるとき、うまくいかなかった時のプランも複数考えておく	2024年2月6日		☐	時間術	やる気に頼らず「すぐやる人」になる37のコツ
日常のできごとから書く習慣をつける―気づいたらメモする	2024年2月7日		☐	習慣術	書く習慣

教えてくれます。実践したら「気づき」欄に書き入れることで振り返りもできます。忘れ予防には最適なアプリです。

学 び を 実 践 す る コ ツ

新しい取り組みは1日1つに限定する	いつ実践するか、日付を決める	実践したら、フィードバック

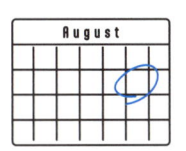

人はそんなにたくさんできない	予定を入れ、実践の仕組みを作ろう	振り返りで、気づきをアウトプットしよう

人に説明する（実践型／知識型）

　最強アウトプット法のうちの1つです。実際にやるとわかりますが、人に説明するためには、自分で理解しないといけません。相手の理解度を確認し、なにを省き、どの順番で説明するかを考える必要があるため、頭の中で内容が整理される必要があります。

　特に、予備知識がない人へは、自分でも当たり前に扱っているような基本的な用語から、噛み砕いての説明が必要です。苦労はしますが大きな学びを得られるでしょう。単に読んで理解するだけではなく、その**内容を言葉にして表現することで、より長期的な記憶として定着していきます。**

　次にどのような状況で説明するか、2つのシーンを解説します。

▶ 家族や友人に説明する

　小学生や中学生の子ども、パートナーまたは友人に説明するのはどうでしょうか。何気ない会話の中に挟むのもいいですし、「本を読んだから説明したい」と申し出てもいいです。近くにいる存在だからこそ気楽にアウトプットでき、おすすめです。もしご家族のいる人でしたら、子どもに説明してみてください。おそらく難しいはずです。予備知識がない人に理解してもらうには、具体例を用いたり、噛み砕いての説明が必要だからです。ただし、やりすぎると嫌がられる可能性があるので、そこだけは注意してください。

▷ 無機物（ぬいぐるみやフィギュア）に説明する

　説明する相手は必ずしも人である必要はありません。家族や友人への説明にも抵抗がある。そんな人におすすめなのは、ぬいぐるみやフィギュアに説明するのも良いでしょう。ひとりでできることなので、今日から手軽にできます。これを「ラバーダッキング法」といい、声に出すことで頭の整理ができるのが特徴です。元々は問題解決のための手法でありますが、読書アウトプットにも十分使えるものです。ただし、周りに誰かいると変な目で見られるので注意してください。

人 に 説 明 す る

[家族や友人に説明する]

心 理 的 ハ ー ド ル が 低 い

[無機物に説明する]

誰 も 気 に し な く て い い

アウトプットの技術 4
書評アプリを使用する（実践型／知識型）

　書評アプリを活用する方法です。書籍名で検索やバーコードを読み取れば、書影や書籍の情報つきで、感想が書ける。月何冊読んだ

か、年間何冊読んだかの読書記録としても使えます。読書記録やメモがしやすいよう、最適化されており、アプリやネットならではの独自機能があるのが利点です。

アプリは多数存在しますが、代表的なものは次の3つです。どれも無料で使えるので、いくつか使ってみて、自分に合うものを選ぶのが良いでしょう。

代表的な読書管理アプリ

・ブクログ

・読書メーター

・読書管理Readee

デメリットとしては、管理できる項目が決まっており、カスタマイズ性に乏しい点です。

もし、こだわりの読書管理をしたいなら、汎用的なメモアプリのNotionが最強です。自分の好きなように管理項目を定義できるので、書評アプリでは満足できない人にはおすすめです。どう管理していいかわからない人は、ネット検索してみてください。参考までに私が読書管理している項目のうち、多くの人が使い勝手の良いと思われる項目を紹介します。

・タイトル

・著者

・出版年月日

・出版社

・表紙画像

・Amazon概要文

・AmazonURL

・5段階評価

・ステータス(未読／読書中／読了)

・入手手段(書店／図書館／古書店／Kindle／Kindle Unlimited／Audible)

・読了日

・要点

・TODO

　上記以外に、読書メモを書く欄があります。テンプレートを定義することもでき、自分ならではの読書ノートの作成が可能です。

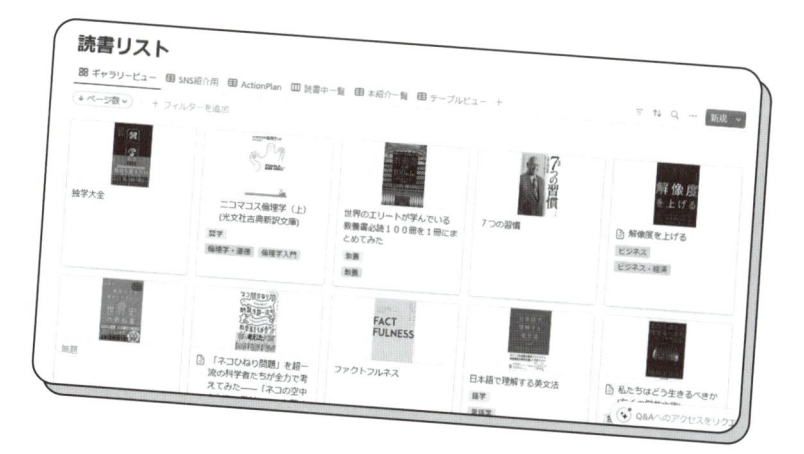

読書ノート電子化の比較

書評アプリ

手軽にはじめられる

Notion

カスタマイズ性抜群

アウトプットの技術 5
SNSやブログで発信する（実践型／知識型）

　SNSやブログを利用する方法です。ここでのポイントは、あくまで学びをアウトプットする場、誰でもみられる読書ノートのつもりで使うことです。こう書くと「SNSで発信するならフォロワーを増やさないと」そう思う人もいるかもしれません。もちろんフォロワーは増えたほうがいいですが、無理に増やそうと思わないことです。重要なのは「なにを目的にSNSをやるか」です。ここを見失ってしまうと、学びよりもSNSを伸ばすための時間に取られてしまいます。

▷ 読書ノートとの違い

　結論から言うと、不特定多数に見られる点です。特にフォロワーが増えてくると、自分視点のアウトプットよりも、相手視点のアウトプットに自然となっていきます。相手にとってわかりやすいか？

学びがあるか？　言いたいことが伝わるか？　フォロワーが増え、見る人が増えていくと、無責任な投稿ができなくなり、**自然と良い文章を書こうと意識するようになります。**

　また、投稿の質は、「いいね」や拡散力に跳ね返ってきます。試行錯誤していくうちに、文章力もフォロワーも増えていきます。

▷ 影響力をつけるメリット

　先ほど、無理にフォロワーを増やさなくていいと言いましたが、発信者となり、影響力をつける恩恵もあります。私自身、X（旧：Twitter）をはじめ、おかげさまで2024年7月時点でフォロワー7.5万人、運営している読書ブログは月PV8,000になりました。多くの人から見られ、次のようなメリットを実感しています。

・著者や出版社から書籍のご献本の話をいただける
・PRの話をいただける
・著者や出版社から感謝の言葉をいただける
・フォロワーさんから「読みました」の言葉をいただける

　自分の学びが思わぬところで役に立つ瞬間です。実は先日、リアルに実感した出来事がありました。著者のイベントに参加者として出席した日、とあるフォロワーさんとお会いました。その方から「ぶっくまさんの投稿を見て勇気づけられました」と感謝の言葉をいただけたのです。SNS自体は電子的でしかありませんが、その奥に使っている人がおり、**相手の心に響くのだと実感した瞬間**です。SNS

は他者貢献の場。そう捉えると向き合い方も変わる出来事でした。

　滅多にありませんが、SNSではバズることもあります。1つの投稿により本が認知されることもあります。先日、『賢い人のとにかく伝わる説明100式』(深谷百合子・著、かんき出版)を紹介したところ、「1.9万いいね」「表示回数700万回」を超える大バズリを起きました。Amazonの書籍総合ランキングでは最高で7位にまでなり、3刷25,000部のヒットになっています。書店にも「SNSで大バズリ！」というPOPが出るくらい大きな反響となりました。売れた要因がSNSとは限りませんが、投稿が誰かの本を手に取る機会となる出来事でした。フォロワーも増え、出版社、著者から感謝のメッセージをいただきました。

　投稿をすれば誰かの目に留まり、本を購入するキッカケになるかもしれません。たとえ「いいね」をもらえなくても、投稿を見てくれる人はいます。**コツコツ継続することで見てもらえるフォロワーさんは増えていく**のです。

▷ X（旧:Twitter)で発信するコツ

　ここで、SNSで発信するポイント。特にX（旧Twitter）でのコツをお伝えします。SNSで発信するにあたって、どう書けばいいかわからない。どうせやるなら拡散させたい。そう思った人に向けていくつかの型を紹介します。

　レベル別に紹介しています。もし、影響力をつけたいなら、あなたにできる範囲で実践してみてください。

Level 1 **学びを箇条書きで並べる**

　読書ノートでも紹介しましたが、学びを箇条書きにして投稿する型です。ブログサイトやインスタグラムの投稿でも「○○の7選」のようなタイトルをよく目にしませんか？

　個別の情報よりもまとめのほうが、人は価値を感じます。短文ででき、お手軽な割に、「まとめ」感があるので、読者側にも有益な型です。

> 🐻 **ぶっくま🐻合う本に会える読書図解** ✅
> @Book_Meyer
>
> プロモーションする ...
>
> 現代人に刺さる、2000年前の哲学者エピクテトスから学んだ7つの教え
>
> ①自分自身でどうしようもないことを願っても仕方ない
>
> ②他者の評価はコントロールできない
>
> ③起こったことである事実と、その良し悪しである評価は区別する
>
> ④どんなにつらい状況でも、自分の意思だけは自由
>
> ⑤自分の視点だけではなく、他者や多様な視点を持つ
>
> ⑥自分に起きた出来事を他人事のように考えると、感情の振れ幅は小さくなる
>
> ⑦問題なのは、行為ではなく、行為者の意図や動機
>
> マンガもあり、わかりやすく かつ深い考え方に人生を見つめ直す機会になるのか、『奴隷の哲学者エピクテトス 人生の授業』荻野 弘之 (著) ダイヤモンド社

Level 2 **経験や感想、気づきを投稿する**

　本を読んだ結果、どう感じ、どう考えたかを投稿します。自分の経験と紐づけると、本だけでなく、あなた自身に興味を持ってもらえるでしょう。また、自分の思ったことを自分の言葉にするため、言語化の能力も身につきます。下記の投稿を要素別に分解してみます。

・学んだ内容

「いいね がなくても読んでくれる"サイレント読者"を感じてあげよう」。本書で一番響いた内容です。

・どう考え、自分の経験と紐づけたか？

　渾身の投稿はどうしても「いいね」の数が気になってしまう。そんな私を救った。反応する／しないに関わらず、画面の向こうでは読んでくれる人がいる。

・今後、どう行動するか？

　そう思って、今後も発信を続けていきたい。

　140字でもこのように書けます。やってみてください。

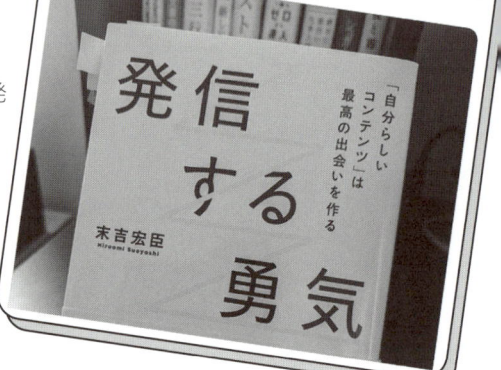

プロモーションする

ぶっくま≡合う本に会える読書図解 ✓
@Book_Meyer

「いいね がなくても読んでくれる" サイレント読者 "を感じてあげよう」本書で1番響いた内容です。渾身の投稿はどうしても「いいね」の数が気になってしまう。そんな私を救った。反応する／しないに関わらず、画面の向こうでは読んでもらえる人がいる。そう思って、今後も発信を続けていきたい。

「自分らしいコンテンツ」は最高の出会いを作る

発信する勇気

末吉宏臣
Hiroomi Sueyoshi

■ **Level 3**　**読書で得た学びでどう変わったかを発信する**

　本を読み、行動をし、前と後ではどう変化したかを投稿します。より経験を押し出すことで、本の内容よりもあなた自身に興味を持ってもらえる特効薬になります。

　この投稿について、どう行動し、どのような変化があったのかを切り出してみます。

・どう行動したか？

家族でわいわい問題を解いていったら

・どういう変化があったか？

いつの間にか思考力がつき、アイデアがわき出るようになった。思い込みを外せる思考が身についた。

Level 4 様々な切り口で複数冊の本をレビューする

ここからは、アウトプット以外にも、発信者として伸ばしていくための投稿となります。読み手に刺さる切り口を考え、複数冊の本を紹介する型です。多くの人に拡散されやすく、SNSアカウントの影響力増大にも繋がります。

しかし問題があります。複数冊を紹介するには文字数が足りません。そこで使うのが、画像化です。Canvaなどのデザインツールを使用し、4枚の画像にして投稿します。これにより、密度の高い情報の投稿が可能になります。

1枚目…アイキャッチ（表紙のようなもの）
2〜4枚目…1枚1冊として本の紹介画像

・どんな切り口で選んだ本なのか？

　投稿を見てもらえるかどうかは、切り口で決まるといっても過言ではありません。同じ本でも、訴求内容によって大きく反応が変わってきます。「どんな人におすすめしたい本なのか？」を意識して考えてみてください。

　例えば「仕事ができるようになる本」であれば広くの人に見てもらえ、拡散される可能性があります。一方、「社会人1年目におすすめのビジネスマナー本」だと、中堅のビジネスパーソンやビジネスマナーをすでに習得している人には見てもらえない可能性があります。誰に届けたいかでここの内容が変わってきます。「コピーラ

イティング」を学んでおくと、より見てもらえる投稿がわかるようになっていきます。

・どんな本を紹介するのか？

　選ぶ本によっても見てもらえるかどうかは変わってきます。超有名な本ばかりだと「これから読書をはじめようとする人」には刺さりますが、「すでにいくつも読んでいる人」にとっては刺さらない内容の可能性もあります。どんな本を紹介するかで、反応が違ってくることを抑えておきましょう。基本的には、希少性の高い有益な投稿が拡散されやすい傾向になります。そこで1つの解としては、「みんなが知らない良書」を紹介することです。有益なのに知らない人が多い投稿は、多くの人に刺さります。

・どんな本なのか？

　「どんな本なのか？」「読んでみてどうだったか？」「誰向けの本なのか？」を端的に書いていきます。読んだら買いたくなる文章を意識していきましょう。

　ここまでどんな内容を書くか解説しました。実は3つの要素に重要度の優劣があります。

どんな切り口で選んだ本なのか？ ＞ **どんな本を紹介するか？** ＞ **どんな本なのか？**

　いくら良い本でも、切り口を間違えると投稿を見てもらえません。

それほど「どんな切り口で本を選んだのか」が重要となります。意識するだけでも違ってきます。

Level 5　長文でレビュー投稿をする

X（旧Twitter）には、月額料金を支払うと長文での投稿が可能になります。この機能を使い、長文で本の概要や感想を投稿します。

Xは投稿に対して滞在時間が長ければ長いほど拡散される仕組みです。長文であれば滞在時間も自然と長くなるため、伸びやすくなるのです。

とはいえ、「いきなり1,000文字も2,000文字も書けません」という方もいるかと思います。そこで私が使っている投稿の型を紹介します。この通りに書いていけば、意識せずとも2,000文字くらいのボリュームになります。

・導入文
・この本をひとことで言うと
・本の概要
・学びになったポイント①②③
・まとめ

〈導入文〉

実はここが一番重要です。Xの長文は、140文字を超えた文章は、タップをしないと続きが読めない仕様になっています。最初の文章で興味を持ってもらえないと簡単にスルーされてしまいます。「読

む理由を作ってあげられるような文章」を考えて組み立てましょう。

例えば次の要素が入っていると見てくれる確率は上がります。

・常識破壊（常識と思われていることと違うことを書く）
　例）ポジティブではなくネガティブが最強でした
・問いかけやクイズにする
　例）〇〇と〇〇、どちらが正しいでしょう？
・見ないと損をするような呼びかけ
　例）知らなかった私は今まで損していました
・どんな人に見てほしいかを単刀直入に書く
　例）口下手な人に最高の本でした

〈この本をひとことで言うと〉

「要はどんな本なの？」に答える一文を書きます。本の文字数は、約10万文字。それを20文字程度で表すのにも要約する力が身につきます。

〈本の概要〉

ひとことを拡張させる形で、本の概要や紹介を書いていきます。単なる紹介よりも、自分の感想や感じたことも書けばオリジナリティが出ます。ぜひ挑戦してみてください。

〈学びになったポイント①②③〉

「学びになった」「気づきになった」本の中で3つ厳選し、それぞれ

書いていきます。なぜ３つかというと、マジックナンバー３といって、わかりやすく覚えやすい個数が３つなのです。プレゼンでよく使われる手法です。

〈まとめ〉

まとめとして、自分の思ったことや、誰におすすめなのかを書いていきます。

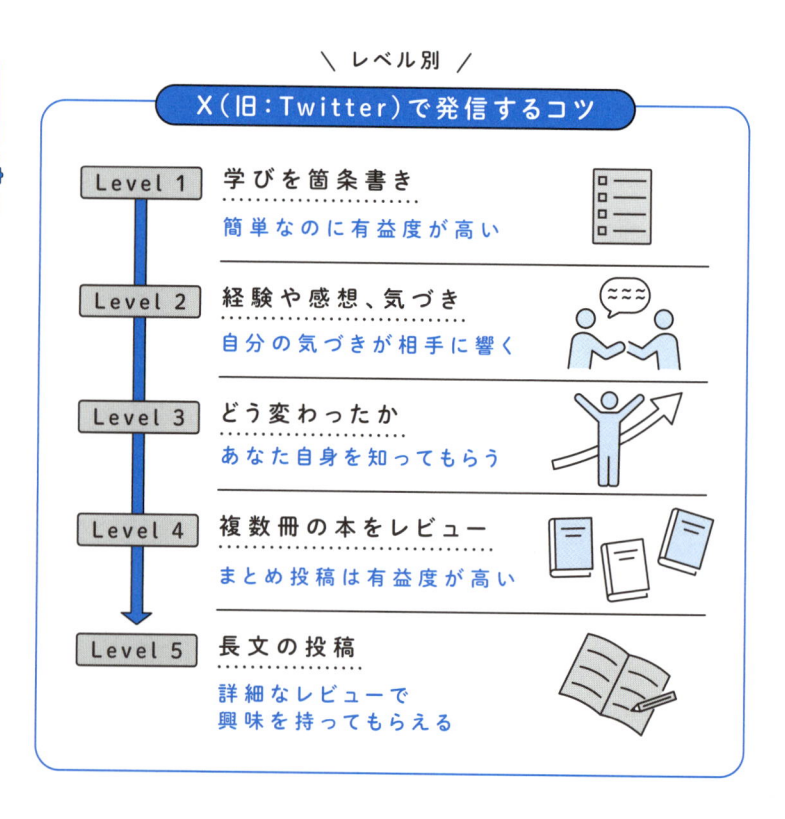

アウトプットの技術 6

学んだ内容を思い出す・想起（知識型向き）

　厳密にはアウトプットではありませんが、一番手軽にできるのが、学んだ内容を思い出す（想起）することです。ワシントン大学の研究でも、想起が学習効果に良いと確認されています。

　具体例な２つの方法を紹介します。

▷ 想起法１：最近読んだ本の内容を思い出す

　まず一番簡単な方法を紹介します。最近読んだ本の内容を思い出すことです。シャワーやお風呂に入っているとき、寝る前の布団に入っているとき、リビングでくつろいでいるときなど。耳が空いているときが最適なタイミング。思い出すときには内容だけでなく、どう思ったのかを考えるのも有効です。

▷ 想起法２：記憶のフックを作る

　過去に読んだ本の内容を思い出すには、記憶のフックが必要です。特に月に何冊も読む人は、なにを思い出していいかわからないと思います。そこで記憶のフックを意図的に作り出します。なにかを目にしたり、聞いたりすると、関連することを思い出すことはありませんか？　これを人工的に作り出すのです。

　具体的な方法を紹介します。

　覚えたい本を本棚の目立つ位置に置いておく。電子メモを使っているなら、書評アプリやNotionで表紙を見るのも良いでしょう。

CHAPTER

04

「知る」を最大化するアウトプットの仕方

思い出したら、実際にメモを見て、答え合わせをします。英単語カードのイメージですね。

　常に表紙を見ることのできる環境を用意しておくのが大事です。本棚の見える机やすぐにスマホから表紙を見られる仕組みを用意しておくと、想起が習慣になります。私の家のデスクは、本棚と一体型のものを使っています。デスクに座っていれば、いつでも想起できる環境です。おすすめの方法なので試してみてください。

　読書ノートは記録するだけではありません。見返す使い方をすると、自分だけのオリジナルな本になるのです。

《 想 起 (思 い 出 す) 方 法 》

最近読んだ本の内容を思い出す

いつでもどこでもできる

記 憶 の フ ッ ク を 作 る

本 の 表 紙

アウトプットの技術 7

知識ナレッジを積み上げる（知識型向き）

　読書ノートは基本的に本を起点に積み上げていきますが、これは学びを起点に積み上げていく方法です。知識ナレッジとは、前章で解説した「具体抽象読書」で考えた内容を一覧化したものです。

　これを習慣にできると知識の積み上げが見えるようになります。自分だけのオリジナルな本を作っている感覚です。異なる切り口でいつでも学びを取り出せるので、便利に使っています。

▷ 知りたい内容を後からいつでもアクセスできる

　本を起点にしてしまうと、どこになにが書かれているかわからなくなってしまいます。しかし、一覧ならどうでしょう？　たくさんの情報から目当ての内容を探すのに優れているのです。

▷ 知識ナレッジ作成の具体的な方法

　まず、表形式で入力／書き込みできるものを用意します。紙なら罫線があるノート、電子ならExcelやNotionのデータベース機能を利用します。

　次に表に対して項目を並べていきます。

・学びの要約

・タグ

・事例

・転用例

・引用元

・学びの要約

本から学んだことをひとことで書き込みます

・タグ（電子の場合のみ）

電子の場合は、どんな学びなのかをタグという形で残します。後
で検索するときに便利なものとなります。

・事例

本に書いてあった事例を書き込みます。このときのポイントは、
なるべく正確に書くことです。少し手間はかかりますが、後で参照
する際に、具体的であったほうが説明に説得力があるからです。

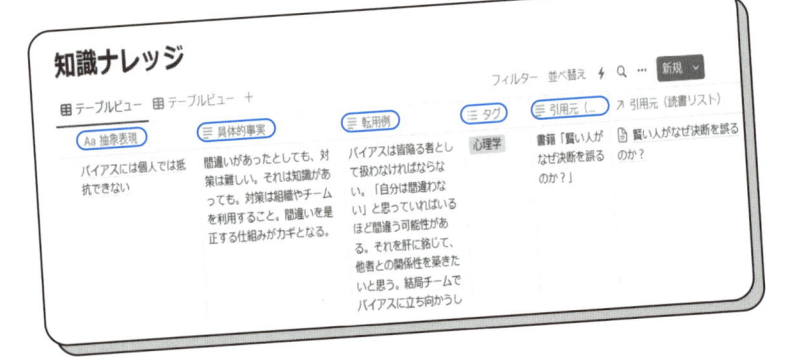

・転用例

　自分ごとに置き換えたとき、どんなものに当てはまるかを書き入れていきます。

・引用元

　どの本に書いてあったかを書きます。この内容を記録しておくことで、後で詳細な情報が欲しいときに迷子にならずにアクセスできます。

　この方法で管理する場合、電子でやることをおすすめします。紙のノートでは難しいことがあります。並べ替えができない。検索ができない点です。一覧にする場合、上から順に書いていくことになりますが、一度書いたら間に入れることは不可能です。

　一方、電子ならば、検索もできるし、削除も追加も容易です。

《 知識をナレッジ化する 》

後から参照できる

情報がまとまっている
から便利

表を作り、管理する

・学びの要約
・タグ
・事例
・転用例
・引用元

電子化で、検索や
追加や編集ができる

「読書ノート」は紙に書くか、電子に記録するか

　「学びを記録することはわかったけど、紙のノートと電子ではどちらがいいの？」と悩みが増えた人もいるかと思います。それぞれの特徴から、どちらを選ぶかの判断基準を解説します。

▶紙の読書ノートを使う場合に知っておきたい特徴

・直感的に書き込みができる

・電子よりも記憶しやすい

・後で見たときにどこにあるかわからない

・携帯性が低い

▶電子の読書ノートを使う場合に知っておきたい特徴

・検索機能により後でアクセスしやすい

・いつでもどこでも持ち歩ける

・複数端末で書き込みできる

・ブログやSNSで発信するときにコピーできる

・直感的な入力が難しい

・紙に比べて記憶に残りづらい

　結論、**後でアクセスしやすさを重視するなら電子。学んでいる瞬間を重視するなら、紙**です。

私は検索性とブログやSNSでの発信のため、紙の利点を捨て、電子で記録しています。読書術の本では「紙に書きなさい」という提言があるのは、記憶しやすいからです。確かにその通りですが、電子の利点も捨てきれません。どちらを選ぶかはあなたがなにを重要視しているかによって決まります。

　悩むようでしたら、どちらも試してみましょう。それで自分に合うほうを残せばいいだけです。やってみないと良さはわかりません。食わず嫌いせずにやると見えてくるものがあるはずです。

―― 読 書 ノ ー ト ――

紙のノート	VS	電子化
・直感的に書き込みができる ・電子よりも記憶しやすい ・後で見たときに 　どこにあるかわからない ・携帯性が低い		・検索機能でアクセスしやすい ・いつでもどこでも持ち歩ける ・複数端末で書き込みできる ・直感的な入力が難しい ・紙に比べて記憶に残りづらい ・ブログやSNS投稿で 　コピー可能

[
「知る」を最大化する
アウトプットの組み合わせ
]

　先ほど解説したアウトプットの7つの技術は、どれか1つだけやっても効果はありますが、組み合わせると更に効果を見込めます。まずは1つだけ実践し、慣れてきたら組み合わせる方法もやってみてください。私がやってみて相性の良いと感じた組み合わせを解説します。

　次の内容には、「記録系アウトプット」というワードが出てきますが、これがあれば「読書ノートまたは書評アプリを利用する」を総称しています。

・実践型の本のアウトプット例
「 記録系アウトプット ＋実践」

　実践型のオーソドックスな組み合わせです。読書ノートにTODOを書き、実践していきます。特にNotionを使うと効果を発揮します。

　私が管理しているNotionで具体例を出します。TODOに実践内容を書いているのですが、実はこれ、書くと自動的にTODOリストに内容が追加される仕組みなのです。「リレーション」といい、他の表とデータを紐付けが簡単にできる機能です。これにより、どの読書ノートがなんのTODOと紐ついているかもわかるようになっています。

実践後も後から本の内容を振り返り可能な、最強の使い方だと言えます（興味を持っていただけた人に向け、私が使用しているNotionのテンプレートをプレゼントしています。巻末をご覧ください）。

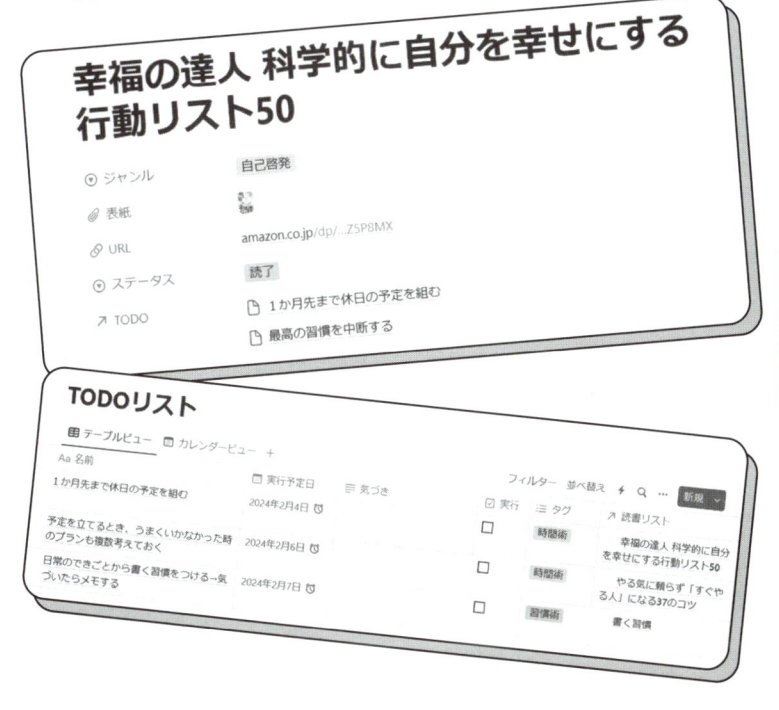

・知識型の本のアウトプット例
「 記録系アウトプット ＋人に説明する」

　これを見て、「記録もしながらアウトプットをするのは手間がかかるなぁ」そう思ったのではないでしょうか。実は画期的な方法が

あります。文字起こし機能を使う方法です。説明した内容が自動的に文字になり、それ自体が読書ノートの代わりになるのです。

これをやると、説明することで頭に残り、記録もできてしまうのです。

スマホのレコーダーに文字起こし機能があるか確認してみてください。お手軽なのに効果絶大な方法です。

・知識型の本のアウトプット例
「 記録系アウトプット ＋知識ナレッジ」

読書ノート等にまとめたとき、知識ナレッジとしたいものが出てくることがあります（知識ナレッジは、学びを起点に積み上げていくものでしたね）。その場合に使うのがこの組み合わせです。両方

賢い人がなぜ決断を誤るのか？

⊙ ジャンル	心理学
⊙ Repeat	また読みたい
⊘ 表紙	
⊘ URL	amazon.co.jp/dp/...XQ65NV
⊙ ステータス	読了
☰ タグ	心理学
↗ 知識ナレッジ	☐ バイアスには個人では抵抗できない
☰ 本の説明	無意識のうちに判断をねじ曲げる「バイアス」と戦う方法■何を買うか、どのように貯蓄するかなど、人の意思決定は必ずしも「合理的」ではなく、最適な選択をしないことも多い。同じことは、ビジネスの意思決定についても言えます。人は、経済学者が考えるような合理的な意思決定モデルには従わないので、しばしば失敗を

書くのは少々手間ですが、検索性が良く、知識の資産化に繋がります。実はこの組み合わせに最適なのが、Notionです。

私が管理している内容を一部紹介します。

読書ノートでは、「知識ナレッジ」という列を管理しています。ここから知識ナレッジを参照する「リレーション」という機能を使っています。リレーションとは、他の表とデータの紐付けができる機能のことです。

この機能により、どの読書ノートがなんの知識ナレッジと紐付いているかを簡単に管理することができるようになります。

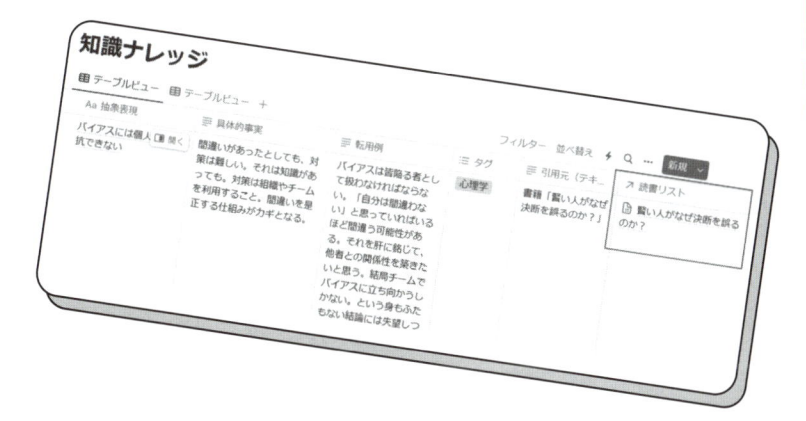

こちらは知識ナレッジです。「読書リスト」には読書ノートの本のタイトルがあるのがわかるでしょうか。

知識ナレッジから読書ノート、読書ノートから知識ナレッジを辿ることができ、振り返りに最適な管理となります。

・影響力特化型アウトプット例
「 記録系アウトプット ＋ＳＮＳ／ブログ」

　最後はSNSやブログで影響力をつけたい人向けの方法です。読書ノートをつけるのと、SNSやブログで発信するのと、両方やるのは手間がかかります。

　でも、電子化していればコピー機能があるため、手間を省くことができるのです。SNSやブログでの発信の手間を減らしたいなら、読書ノートを電子化してください。

　下記のパターンはあくまで一例です。自分に合う組み合わせを見つけてみてください。

知を最大化するアウトプットの組み合わせ

記録系アウトプット ＋ 実践
実践の効果を最大化する

記録系アウトプット ＋ 人に説明する
説明した内容をレコーティングする

記録系アウトプット ＋ 知識ナレッジ
知識の積み上げを仕組み化する

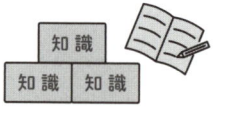

記録系アウトプット ＋ ＳＮＳ／ブログ
発信活動の省力化が実現する

第4章のまとめ

　第4章では、本で得た気づきをアウトプットする方法を学びました。アウトプットには知識型と実践型があり、最適な使いわけがあります。アウトプットは学んだ内容を定着させるのに必ずあなたの味方になってくれます。

　第5章では、私が実践している「楽に読書習慣がつく方法」を解説します。「選び方、読み方、アウトプットまでの方法はわかった。でもなかなか読書を習慣にするのが難しい」という人に向けて、習慣化は性格ではなく思考と行動を変えればいいことがわかります。

アウトプットの向き／不向き

実践型の本

ビジネス書や
実用書

読書ノート／実践する／人に説明する／書評アプリを使用する／SNSやブログで発信する

知識型の本

経済学や哲学などの
教養が身につく本

読書ノート／人に説明する／書評アプリを使用する／SNSやブログで発信する／想起する／知識ナレッジを積み上げる

実践型／知識型別7つの読書アウトプット術

読書ノートを つける （実践型／知識型）	Level 1 要点を箇条書きで書く Level 2 要点をもとに、とにかく 　　　　頭の中にあるものを書きだす Level 3 学びと自分の気づきを書く Level 4 構造化する Level 5 図解する
学びを実践する （実践型向き）	いつ実践するか、日付を決める 実践したら、フィードバックの時間を取る
人に説明する （実践型／知識型）	家族や友人に説明する 無機物（ぬいぐるみやフィギュア）に説明する
書評アプリを 使用する （実践型／知識型）	とりあえずはじめるなら、 ブクログ／読書メーター／読書管理Readee こだわりたいなら、Notion
SNSや ブログで 発信する （実践型／知識型）	自分視点から、相手視点のアウトプットになる 文章力や影響力の向上につながる ‥‥‥‥‥‥‥‥‥‥‥‥‥‥‥‥‥‥‥‥ 〈X（旧：Twitter）で発信するコツ〉 Level 1 学びを箇条書きで並べる Level 2 経験や感想、気づきを投稿する Level 3 読書で得た学びでどう変わったかを 　　　　発信する Level 4 様々な切り口で複数冊の本を 　　　　レビューをする Level 5 長文でレビュー投稿をする
学んだ内容を 思い出す・想起 （知識型向き）	最近読んだ本の内容を思い出す 本のタイトルや表紙を記憶のフックにする
知識ナレッジを 積み上げる （知識型向き）	自分だけのオリジナルノートが 作成できるようになる ［管理項目］ 学びの要約／タグ／事例／転用例／引用元

紙 の 読書ノートを 使う場合に 知っておきたい 特徴	・直感的に書き込みができる ・電子よりも記憶しやすい ・後でみたときにどこにあるかわからない ・携帯性が低い
電子 の 読書ノートを 使う場合に 知っておきたい 特徴	・検索機能により後でアクセスしやすい ・いつでもどこでも持ち歩ける ・複数端末で書き込みできる ・ブログやSNSで発信するときに 　コピーできる ・直感的な入力が難しい ・紙に比べて記憶に残りづらい

知を最大化するアウトプットの組み合わせ

記録系アウトプット+ 実践	読書ノートとTODOを 紐付けて管理する
記録系アウトプット+ 人に説明する	スマホのレコーダーで、 文字起こししながらアウトプットする
記録系アウトプット+ 知識ナレッジ	読書ノートと知識ナレッジを 紐付けて管理する
記録系アウトプット +SNS/ブログ	読書ノートをSNSやブログへ コピーして使う

CHAPTER

04

「知る」を最大化するアウトプットの仕方

CHAPTER

05

「知る」を最大化する読書の続け方

ここまで選び方、読み方、アウトプットを学んできたけれど、「そもそも読書を習慣化できない」そう悩んではいませんか？

　習慣化には、マインド面、行動面において、知っておくべきことがあります。知識を得てしまえば、毎日の読書は継続しやすくなります。継続できないのは、やり方を知らないからなのです。

　本章では、習慣術の本を読み、実践してきた私が、読書を習慣化するために必要なマインドや行動を解説します。

　なかなか継続できない人も、一歩ずつはじめていけば、必ず習慣化できます。

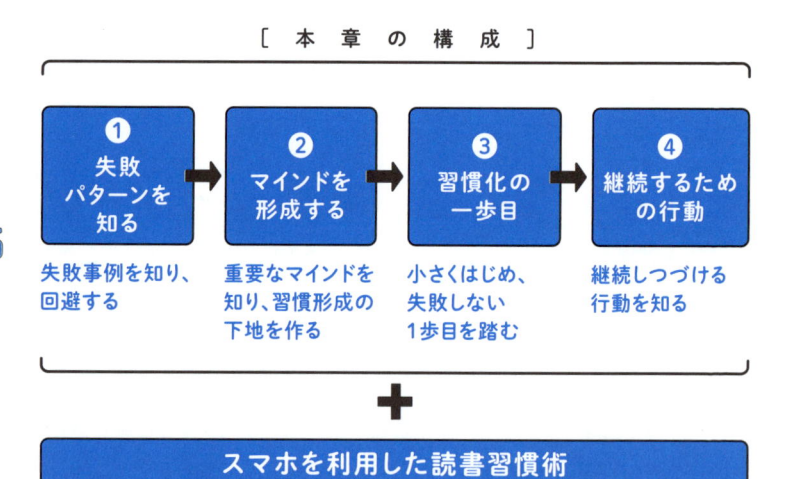

[本 章 の 構 成]

① 失敗パターンを知る → ② マインドを形成する → ③ 習慣化の一歩目 → ④ 継続するための行動

失敗事例を知り、回避する

重要なマインドを知り、習慣形成の下地を作る

小さくはじめ、失敗しない1歩目を踏む

継続しつづける行動を知る

＋

スマホを利用した読書習慣術

❶読書習慣に失敗する行動パターン ……… P.240〜

読書習慣における失敗パターンを解説します。失敗には"ある共通点"があります。当てはまっていても大丈夫です。少しずつでも行動を変えれば習慣化に向けて歩みはじめられます。

❷『確固たるマインドを形成する』極意 ……… P.244〜

必ず持っておきたいマインドについて解説します。まず考え方を持っておくと、その後の習慣化がスムーズになり、更なるマインド形成に役立ちます。

❸失敗をなくす習慣化の一歩目 ……… P.247〜

読書習慣化に向け、最初にやっておきたい行動を解説します。一歩目でつまずいてしまったら二歩目は歩けません。二歩目や三歩目を歩んでいけるよう、コツをお伝えします。

❹読書習慣を永続化する７つの行動 ……… P.249〜

途中で挫折しない行動習慣を解説します。毎日を読書で満たし、いつまでも本が身近にある生活になっていきます。

❺スマホ中毒を逆に利用した読書習慣術 ……… P.253〜

ついスマホを触ってしまう習慣を利用し、読書時間を増やす方法を解説しています。スマホに対する向き合い方が変わる方法です。

読書の習慣化に失敗する行動パターン

　読書習慣に失敗している人には、共通点があります。次の8つを読み、共通するものを考えてみてください。先に言っておくと、これから解説する内容は、第1章の「本から学ばない人と学ぶ人の7つの特徴」でも解説していることです。読書を習慣にできないから、学ぶことができないとも言い換えられます。

❶ 難しい本を選んでいる

　慣れていないのにもかかわらず、いきなり難しい本を選んでも理解できません。高確率で挫折するでしょう。

❷ 環境が整っていない

　スマホの通知やゲームへの誘惑は読書への集中を削いでしまいます。散らかった部屋は、認知やパフォーマンスに影響するといわれています。読書も例外ではなく、集中するには環境が重要です。

❸ 本を読む時間がない(取っていない)

　仕事が忙しい。プライベートの予定がつまっている。時間がないと思っている人です。時間がないのではなく、読書の優先順位を上げていないのが原因です。

❹ 無理に読もうとする

面白くない本。理解できない本。無理やり読もうとしていないでしょうか。無理に読み進めようとする行為は、継続にはマイナスです。

❺ 積読に圧倒される

未読の本を積み上げる行為自体は問題ありません。これから読む本にワクワクするなら良いのですが、プレッシャーになってしまってはマイナスに働きます。私は、積読と可能性は相関すると思うようにしています。

❻ 1から10まで読もうとする

「ぜんぶ読むべき」という思考は1冊を読み切るプレッシャーになり、継続の阻害要因となります。すべて読む本もあれば、一部分だけ読む本があってもいいのです。

❼ 義務感で読もうとする

読書は義務ではありません。ガマンして読むのは面白くないどころか継続も難しくなります。

❽ わからないところでつまる

わからない箇所を調べる行為自体は理解する上で悪くありません。第3章でも私が解説しています。もし面倒だと感じている場合は、読書が習慣化するまでは飛ばしましょう。少しくらい読み飛ばして

も、意味がわからなくなることはありません。

これらの共通点は見えてきたでしょうか？

答えを言うと、読書へのハードルを上げていることです。意志力に頼る方法は長続きしません。人の意志力は有限であり、様々な課題やストレスによって消耗されます。ハードルの高い行動を維持するために必要な意志力が不足すると、習慣化が困難になるためです。

「ここに当てはまるような行動を取っていました」という人も大丈夫です。継続にはコツがあり、それさえ掴んでしまえば習慣にできます。

> **POINT**
> **まずは行動しやすい環境や仕組みが必要**

読書習慣化に失敗する行動 ❽選

❶ 難しい本を選んでいる
慣れてない段階でいきなり難しい本を
読もうとすると、理解できずに挫折する

❷ 環境が整っていない
スマホやゲームの誘惑、
散らかってる部屋は読書に集中できない
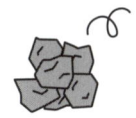

❸ 本を読む時間がない
仕事や遊び、家族や友人との時間のせいで
読書の時間が取れない

❹ 無理に読もうとする
面白くなかったり理解できない本を無理やり
最後まで読もうとする行為は挫折の原因になる

❺ 積読に圧倒される
未読の本を積み上げる行為自体は問題ないが、
プレッシャーになってしまってはマイナスに働く

❻ 1から10まで読む
「ぜんぶ読むべき」という思考は1冊を読む時間も
労力もかかるため、続きづらくなる

❼ 義務感で読む
読書は義務ではありません。ガマンして読んで
いても面白くないどころか継続も難しくなる

❽ わからないところでつまる
わからない箇所を調べる行為は理解する上で
悪くはないが、習慣化するまでは飛ばしてもいい

「確固たる習慣マインド」を形成する極意

　習慣化にはまずマインドを形成する必要があります。よくやってしまいがちなのは、習慣にする前に「月に5冊読む」のような、結果にフォーカスしてしまうことです。

　最終的には結果を出すのは大切なことです。でもその前にやることがあります。それは「アイデンティティーの形成」です。

　「アイデンティティーの形成」とは「そういう自分である」「他人や社会から認められた存在である」と認識することです。

　『ジェームズ・クリアー式 複利で伸びる1つの習慣』(ジェームズ・クリアー・著)では、行動の変化には3つの層があると言っています。

　習慣化により得られる「結果」、習慣化により行動が変わる「プロセス」セルフイメージ、信念や思い込みである「アイデンティティー（自己同一性）」です。

　大抵の人は、結果を得るためにプロセスを改善し、アイデンティティーを得るのですが、この順序だと変えるのに苦労します。

　逆なのです。アイデンティティーを変え、プロセスを改善し、結果を得る。アイデンティティーさえ変えられれば、楽に結果を得られます。

　読書を習慣にしたい場合は、「私は読書家である」とセルフイメージを持つことです。

　いきなり言われてもイメージがわかない人もいると思います。

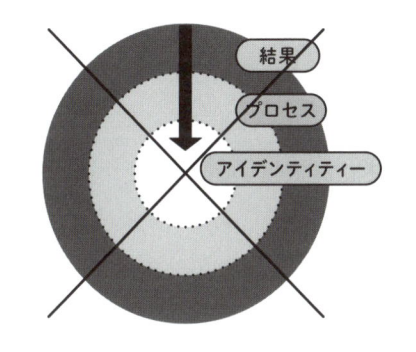

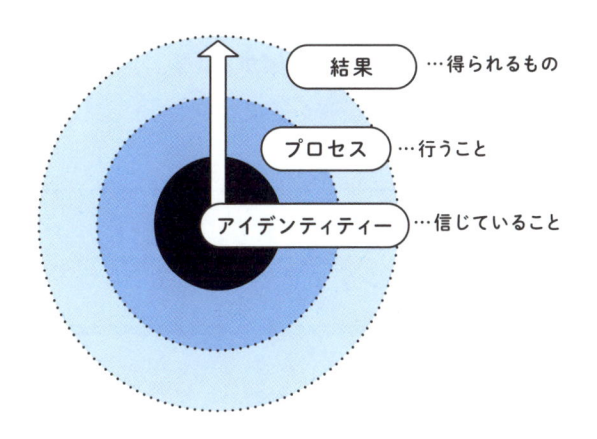

そこで具体的で強力な方法があります。SNSプロフィール、名刺、ブログの自己紹介、なんでも構いません。自分を名乗っている媒体に「読書家」と書いてしまうのです。SNSに投稿するのも良いでしょう。読書量は月1冊でも年1冊でも構いません。極端なことを言うと、この本を読んでいる時点で読書をしていますよね？　国語辞典でも読書家とは「よく本を読む人、読書を好む人、熱心に読書す

る人」といいます。月〇冊のような明確な定義はありません。ですので、あなたが読書家と名乗っても問題ないのです。

　不特定多数が見るプロフィールに書く効果は絶大です。書くと、「そう振舞わないと！」と思うようになり、読書習慣が身につきやすくなるからです。私も、X（旧Twitter）で読書の発信をしてからのほうが読書時間が増えています。振り返ると、これも無意識に読書アカウントとしてのアイデンティティーが強化されていたのだと確信しています。

　さらには**継続が改善に繋がり、明日も続けようという気持ちが、アイデンティティーの強化にも繋がります。**「アイデンティティーの変化」を意識しながら読書を継続していきましょう。

> **POINT**
>
> 「私は読書家である」と宣言し、
> アイデンティティーを形成しよう

失敗をなくす習慣化の一歩目

読書習慣化には段階があります。いきなり500ページ超の本や、難解な古典を読もうとしても難しいでしょう。挫折してしまうのは目に見えています。読書家が空気を吸うように骨太な本を読むのは、普段から読書をしているからです。

習慣化にはスモールステップが重要です。最初の一歩はごく小さなものにしましょう。では読書を習慣化する際、どんな一歩目を踏めばいいでしょうか。具体的な3つの方法を解説します。

▷ わかりやすい本からはじめる

もう一度言いますが、習慣化の一歩目として重要なのは、極力ハードルを下げることです。あなたにとって、一番とっつきやすい本を選びましょう。「わかりやすい本」「読んでいて楽しい本」「ボリュームが少ない本」です。詳しくは、第2章の「難しい本、簡単な本の見分け方」を確認してみてください。

▷ 1日1ページからはじめる

自分に気合いを入れ、「1日1冊を読書する」意気込みとしてはとても素晴らしいことだと思います。しかし、残念ながら失敗する可能性しか感じません。

人間は行動を変えるのに、相当なエネルギーが必要です。だからこそ、習慣化の一歩目は「小さくはじめる」のが重要です。

1日1冊は厳しくても、1日1ページならどうでしょうか。「できそう」だと思いませんか？　最初は「物足りない」と感じるくらいがちょうどいいのです。

　ただし、1日1ページは最初のうちだけです。習慣化するにつれ、読書量は徐々に増やしていきましょう。

▷ 読書量よりも継続を優先する

　ものごとには目的が大事といいますが、例外があります。はじめは習慣化を目的として問題ありません。慣れるまでは大きなエネルギーが必要ですが、一旦、習慣化してしまえば自動的に体が動きます。そこにはなんの意志もいりません。それだけ習慣には力があります。

　少しでも本来の目標に近づくのも大事ですが、継続するのはもっと大事。

　まずは習慣化することを目指しましょう。

> **POINT**
>
> ### 読書習慣は
> ### 小さなステップからはじめる

読書習慣を永続化する7つの行動

　習慣への一歩目を踏み出したら、次はいかに長く継続していくかになります。習慣にしている行動は3日やらないと途切れてしまいます。そうならないよう、継続していくためのコツをお伝えします。

行動 1　外出先には必ず本を持ち歩く

　外出先でちょっとした時間ができることがありますよね。あなたは空いた時間になにをしていますか？

　時間があるときにいつでも読める環境にしておくためには、常に本を持ち歩きましょう。紙の本にこだわりがない人なら、何冊でも持ち歩ける電子書籍が便利です。

行動 2　読んだ記録をつける

　継続には達成感が大事です。読書の記録は、今までどれだけ行動したかが見える化され、継続のモチベーションに繋がります。「でも記録をつけること自体が続かない」。経験している人もいると思います。簡単な方法があります。カレンダーに読書できた日に丸をつけるだけ。これなら簡単に続けられそうだと思いませんか？

行動 3 各部屋に本を置く

習慣はなるべく行動までの手順を減らすことがカギになります。本が近くにあれば、すぐに読めますよね。リビングに置けばくつろいでいるときに本が取りやすくなりますし、寝室にあれば寝る前に読めます。

行動 4 すでにある習慣とかけ合わせる

朝起きて、顔を洗ったり、歯を磨いたり、着替えたりするのはすでに習慣化され、なんの苦もなくできるのではないでしょうか。

例えば次のように今ある習慣にくっつけてみてください。「朝起きて歯を磨いたら本を読む」「入浴中に防水機能付きのKindle端末で読む」など。習慣化済みの行動と合わせてできることがないか、考えてみてください。

行動 5 スキマ時間を活用する

読書はまとまった時間がないとできないと思っていませんか？ 5分〜15分のスキマ時間こそが読書が捗ります。待ち合わせ時間や電車の中、時間が空いたら読書をすると習慣化になります。

また、短時間の読書にはメリットもあります。長時間の読書よりも、短時間の読書のほうが集中でき、記憶に残る効果があるのです。なぜなら、人は最初に提示された情報が特に強く影響を与える現象

「初頭効果」や最後に提示された情報が特に強く記憶される現象である「新近効果」が期待できるからです。短時間なので、初頭効果と親近効果が得られやすいのです。

行動 6　読書の時間を決める

　時間を決めるのも有効な方法です。例えば、「仕事の前の15分」「寝る前の15分」「ランチ後の15分」このように時間が来たら読書をする仕組みが出来上がります。

　時間を決めたら、後は行動するだけです。先ほどの「スキマ時間を活用する」と併用しても良いでしょう。スキマ時間があったら読書に充てつつ、時間になったら読書をする。2つ合わせれば読書の時間を増やすことができます。

行動 7　SNSで読書家をフォローする

　SNSでの読書について発信しているアカウントをフォローしましょう。毎日、読書の情報に触れるだけでも、目に触れる回数が多ければ多いほど好意を抱く「単純接触効果」により、本を読みたくなる効果があります。

　私も、日々おすすめの本を紹介しているのでよくわかります。「この本を読んでみます」や「読みたい本が多すぎる」とよくコメントをいただいています。最初はフォローするだけでもOK。自然と本が読みたくなるでしょう。

読書習慣を永続化する7つの行動

行動 1 **外出先には必ず本を持ち歩く**

いつでも読める環境にしておく

行動 2 **読んだ記録をつける**

行動量の見える化が
モチベーションに繋がる

行動 3 **各部屋に本を置く**

行動するまでの手順を最小化する

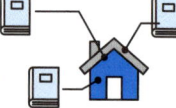

行動 4 **すでにある習慣とかけ合わせる**

すでに習慣化している力を借りる

行動 5 **スキマ時間を活用する**

短時間の読書のほうが集中できる

行動 6 **読書の時間を決める**

時間を決めると習慣化しやすい

行動 7 **SNSで読書家をフォローする**

「単純接触効果」により、
本を読みたくなる

「スマホ中毒」を
逆に利用した読書習慣術

「それでも読書を習慣化できない……」「ついスマホを触ってしまう……」スマホの中毒性に警鐘を鳴らす本も多く出ているくらい、人はスマホに時間を取られてしまっています。だからこそ「スマホを遠ざけよう」と書かれた本が多いのです。「そうはいってもスマホを手放すのが難しい」そう感じていませんか？

箱にスマホを入れ、鍵をかけるグッズまで出るくらいです。正直、「そこまでする？」と思ってしまいます。負の側面があることを認識しつつも、スマホとうまく付き合っていくのが現実的な解決策だと私は思います。

私が考案した読書を習慣化する方法は、そんなスマホを触ってしまう習慣を逆に利用していきます。**スマホに電子書籍アプリをインストールし、読書をする**のです。

近くにあればあるほど習慣に近づき、遠ざければ遠ざけるほど習慣から離れます。例えば筋トレをしようとしたとき、車で1時間かかる場所にあるジムに通うのと、自宅で簡単にできるトレーニングでは、後者のほうがすぐにはじめられますよね？

いつもそばにスマホがある状態はすでに習慣化されているといえます。読書習慣も同じで、近くに本があればあるほど習慣化しやすいのです。

では、スマホを本にしてしまえばどうでしょうか？　あなたのい

つもそばにあるスマホを利用し、仕組み化します。それでは、「設定編」「行動編」に分けて解説していきます。

（設定編）スマホのホーム画面には、読書に関係するアプリのみを残す

習慣化したいことは近づけ、断ち切りたい習慣は遠ざけるのが重要だと先ほど解説しました。その具体的な方法として、**スマホのホーム画面には習慣化したい読書アプリにすぐにアクセスできるようにし、断ち切りたいアプリはアクセスするのを面倒にします。**
具体的には次のアプリのみをホーム画面に設定します。

・KindleやKobo等の電子書籍アプリ
・読書メモアプリ（NotionやEvernote）
・読み上げ機能（アレクサ）や聴く読書（audible）

その他のアプリはできるならアンインストールしたほうがいいですが、難しいようでしたら、ホーム画面からは削除したり、端っこに寄せていくだけでも良いでしょう。
スマホを開くとすぐにゲームやSNSを見てしまう。という人はこのホーム画面にするだけでも、読書をしやすい環境になるはずです。

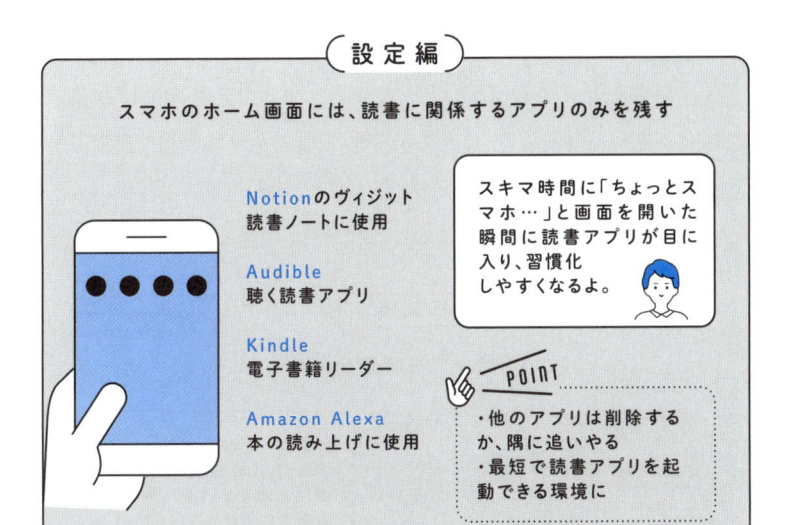

（設定編）

スマホのホーム画面には、読書に関係するアプリのみを残す

Notionのヴィジット
読書ノートに使用

Audible
聴く読書アプリ

Kindle
電子書籍リーダー

Amazon Alexa
本の読み上げに使用

スキマ時間に「ちょっとスマホ…」と画面を開いた瞬間に読書アプリが目に入り、習慣化しやすくなるよ。

POINT
・他のアプリは削除するか、隅に追いやる
・最短で読書アプリを起動できる環境に

行動編 1　スマホを開いたら読書をすると決める

「if-thenプランニング」という手法を使います。if-thenプランニングとは、「〇〇したら△△する」と決める習慣化の方法です。やり方は簡単。習慣化のルールを先に作り、その通りに実行するだけ。シンプルですが、強力な方法です。

　これを読書習慣に応用します。具体的には、**「スマホを開いたら、Kindleを開く」とルールを決めます。**ちょっとした時間にスマホを触る人が多いのではないでしょうか。その時間が本を読む時間に

なるのです。

　これをやると「通勤時間」「待ち時間」などのスキマ時間が読書の時間に変わります。社会人の1日の平均スキマ時間は1時間9分という結果があります。その時間がすべて読書に充てられたら、ライトな本であれば1日1冊読むのも可能になります。

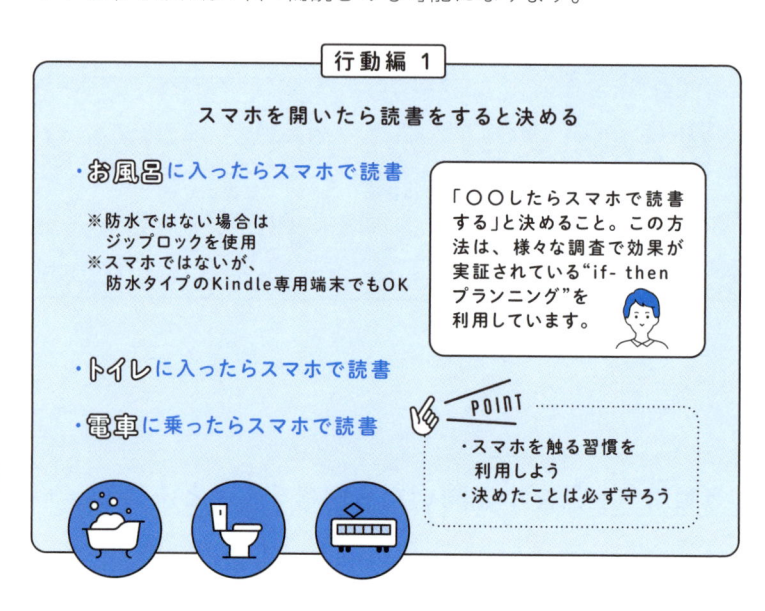

行動編 2 ｜ 手が離せないときは、スマホの読み上げ機能を利用する

「散歩中」「家事をしているとき」「運転中」手が離せないときでも読書はできます。耳を使うのです。第3章でも紹介しましたが、スマ

ホ版のKindleには本の内容を読み上げてくれる方法があります。

　機械音声なので違和感はありますが、慣れれば気にならなくなります。iOSやAndroidの機能を使うやり方と、アレクサアプリを使うやり方があります。

また、お金はかかりますが、オーディオブックもおすすめです。手ぶらで本が読めるので、習慣化はもちろんのこと、忙しい人でも読書時間を増やすことができます。

POINT

スマホが手放せないなら、
逆にスマホを利用して読書をすればいい

第5章のまとめ

第5章では、読書をいかに習慣化するかを解説しました。読書は習慣化すれば、長期的にあなたの味方になってくれます。全部やらなくてOK。1つで良いので実践し、読書を身近なものにしていきましょう。

読書習慣化に失敗する8つの行動

① 難しい本を選んでいる
② 環境が整っていない
③ 本を読む時間がない
　（取っていない）
④ 無理に読もうとする
⑤ 積読に圧倒される
⑥ 1から10まで読もうとする
⑦ 義務感で読もうとする
⑧ わからないところでつまる

8つの共通点は
読書への
ハードルを
上げていること。

そんな人こそ、
行動しやすい
環境や仕組みが
必要。

確固たる習慣マインドを形成する極意

「私は読書家である」と宣言し、
アイデンティティーを形成する

失敗をなくす習慣化の一歩目

・「読んでいて楽しい本」「わかりやすい本」
「ボリュームの少ない本」からはじめる
・1日1ページからはじめる
・読書量よりも継続を優先する

読書習慣を永続化する7つの行動

①外出先には必ず本を持ち歩く
②読んだ記録をつける
③各部屋に本を置く
④すでにある習慣とかけ合わせる
⑤スキマ時間を活用する

⑥読書の時間を
　決める
⑦SNSで
　読書家を
　フォローする

スマホ中毒を逆に利用した読書習慣術

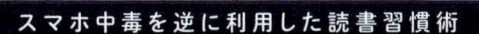

設定編	スマホのホーム画面には、「電子書籍アプリ」「読書メモアプリ」「読み上げ機能（アレクサ）」のみを表示する
行動編 1	スマホを開いたら読書をすると決める
行動編 2	手が離せないときは、スマホの読み上げ機能を利用する／スマホが手放せないなら、逆にスマホを利用して読書をすればいい

お わ り に

—— ここからが有益的な内容 ——

私は読書に対して次のような考えを持っています。

・自由に読んでいい
・なにを読んでもいい
・どんな本でも読書といっていい
・積読の数だけ可能性がある
・本との出会いはご縁
・読書の入口は広くありたい
・読書は著者との対話でもある
・読む分野の広さは視野の広さに繋がる
・合わない本は相性の問題
・古典は難しいが学びも深い

こんなことを書いていますが、はじめからこの考えを持っていたわけではありません。読書をはじめた頃は、本をツールとし、いかに学ぶかだけを考えていました。考えが変わったのは、読書にも仕

事にも経済的にも余裕が出てきてからです。

　「読書は自由」であり、誰かに強制されたり指示されたりするものではありません。

　しかし、自由であるがゆえの問題もあります。

　道案内がなくても自由にオープンワールドを楽しめる人もいれば、なにをしたらいいか迷って冒険をやめてしまう人もいるのです。「読んだのに身になってない」「なにを読めばいいかわからない」「どうやったら学びを活かせるかわからない」「読むのに集中できない」このような悩みを抱えた状態では、自由な世界で迷ってしまいます。そんな人に私の読書術を知ってもらい、本とうまく付き合ってほしい。それが本書に込めた想いです。

　私の本が、あなたの読書人生をより良いものになることを願っています。もし「役に立った」「参考になった」のでしたら、ぜひSNSで感想を投稿してください（第4章の「X（旧:Twitter）で発信するコツ」を参考に）。

　Xでは、投稿文に「本のタイトル」を入れて感想を投稿してもらえると気づけます。私が検索機能で見に行くことがあるからです。

　気づいたものは「リポスト」や「いいね」をしにいきます。InstagramやTikTok、YouTube等のSNSやブログでも感想大歓迎です。

　SNSで発信活動を開始した2018年。『アウトプット大全』（樺沢紫苑・著、サンクチュアリ出版）を読み、「私も情報発信してみよう！」と軽い気持ちではじめたのがキッカケでした。

　当時は「本は雲の上の人しか本は出せない」と思っていましたし、まさか私が本を出せるなんて考えもしませんでした。

　だって、SNSをはじめたのは、本の学びを自分のためだけのものから、誰かの役に立つプラットフォームに移しただけですから。戦略もなにもありません。

　芽が出てきたのは発信活動をはじめて３年（よくやめなかったなと自分でも思います）。目の前の発信をしていくうちに熱が入り、フォロワーさんが増え、出版社や著者さんから書籍のご恵贈でお声がかかるようにもなりました。著者さんとのご縁にも恵まれ、そして本の出版も。

　はじめは小さいものでも、継続と改善をしていくうちに活躍のフィールドが開拓されていっている。そう、現在進行形で感じています。　人生のオープンワールドを開拓できたのは、SNSがキッカケ。そして、SNSをはじめたキッカケが読書であること。私は本に導かれているのだと勝手に思っています。

「読み飛ばしてください」と書いたにもかかわらず、ここまでお読みいただきありがとうございます。

　こうやって本を出版できたことは、私1人の力ではありません。みなさんの支えがあってこそです。

　いくつもの提案という名のわがままを受け止めてくれた編集者の小川さん。本の販促活動を全面フォローしてくださった『ほしいを引き出す 言葉の信号機の法則』『制約をチャンスに変える アイデアの紡ぎかた』『ハッとする言葉の紡ぎ方』の著者である堤藤成さん。Xで読書家／マーケターとして発信している、らこさん。note作家のマナヒロさん。SNSやオープンチャット、リアルで応援してくださるフォロワーさん。友人や子どもたち。執筆活動に多くの時間を割いていたにもかかわらず、文句1つも言わずに私を尊重してくれた妻。

　みなさん、本当にありがとうございました。

2024年9月

ぶっくま

ぶっく マップ

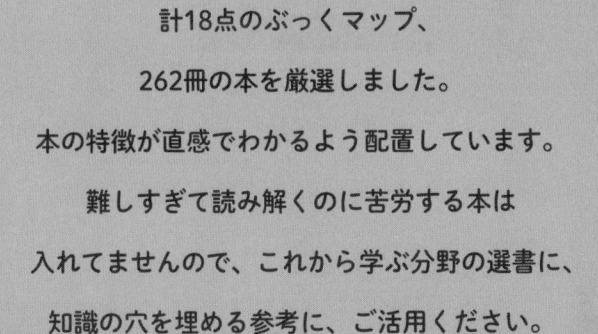

計18点のぶっくマップ、

262冊の本を厳選しました。

本の特徴が直感でわかるよう配置しています。

難しすぎて読み解くのに苦労する本は

入れてませんので、これから学ぶ分野の選書に、

知識の穴を埋める参考に、ご活用ください。

自己啓発・習慣術の本
ぶっくマップ 12冊

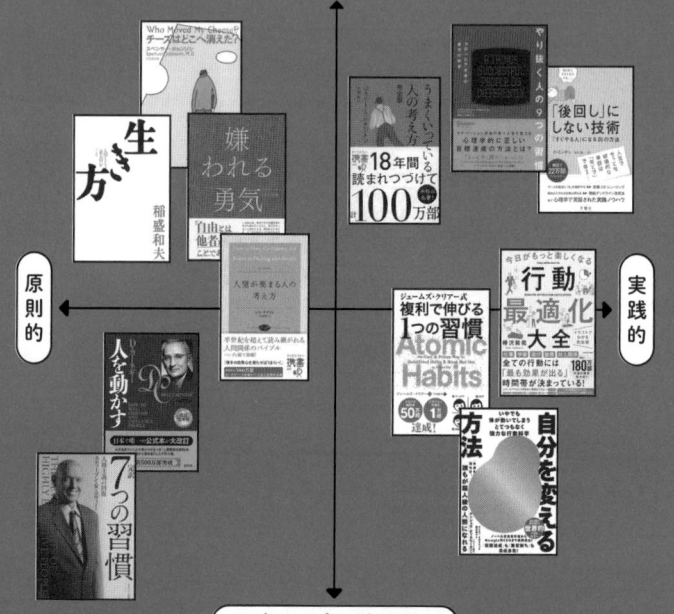

ライトで読みやすい

原則的 ← → 実践的

ディープに読める

マインドなら『嫌われる勇気』（岸見一郎、古賀史健・著、ダイヤモンド社）が鉄板。習慣術では『やり抜く人の9つの習慣』（ハイディ・グラント・ハルバーソン・著、林田レジリ浩文・訳、ディスカヴァー・トゥエンティワン）がページ数が少なく、エッセンスがギュッとつまっているため、活字が苦手な人もすぐ読めます。具体的になにをすればいいか知りたい人は『行動最適化大全』（樺沢紫苑・著、KADOKAWA）を読めばすべて書いてあります。

思考法の本
ぶっくマップ 14冊

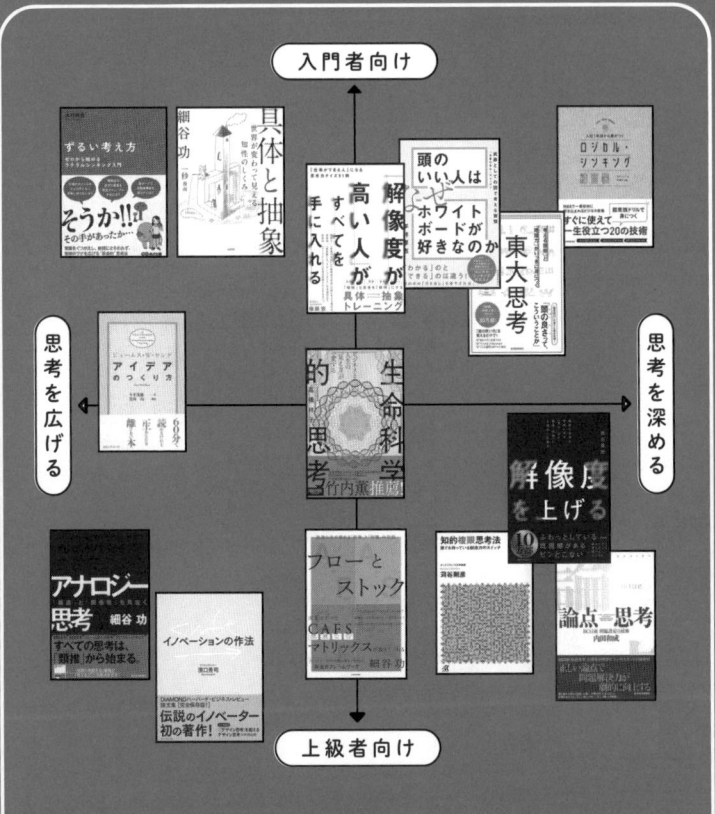

思考を深めるロジカルシンキング。思考を広げるラテラルシンキング。それぞれ知っておくと使いわけすることができます。その後に、『具体と抽象』（細谷功・著、dZERO）、『「解像度が高い人」がすべてを手に入れる』（権藤悠・著、SBクリエイティブ）で具体と抽象の思考も知っておくと良いでしょう。さらに知りたい人は、下のほうに配置されている本がおすすめです。

ぶっくマップ

お金の本
ぶっくマップ 13冊

個人で役立つお金の本を選書しました。収入－支出＝利益を増やし、余剰資金をインデックスファンドに長期投資する。これが結論です。すぐに家計に役立てたいなら、『本当の自由を手に入れる お金の大学』（両@リベ大学長・著、朝日新聞出版）がおすすめ。また、原則を学ぶことで長期で資産形成するマインドが学べます。※『バビロンの大富豪』はマンガ版もあります。

コミュニケーションの本
ぶっくマップ 12冊

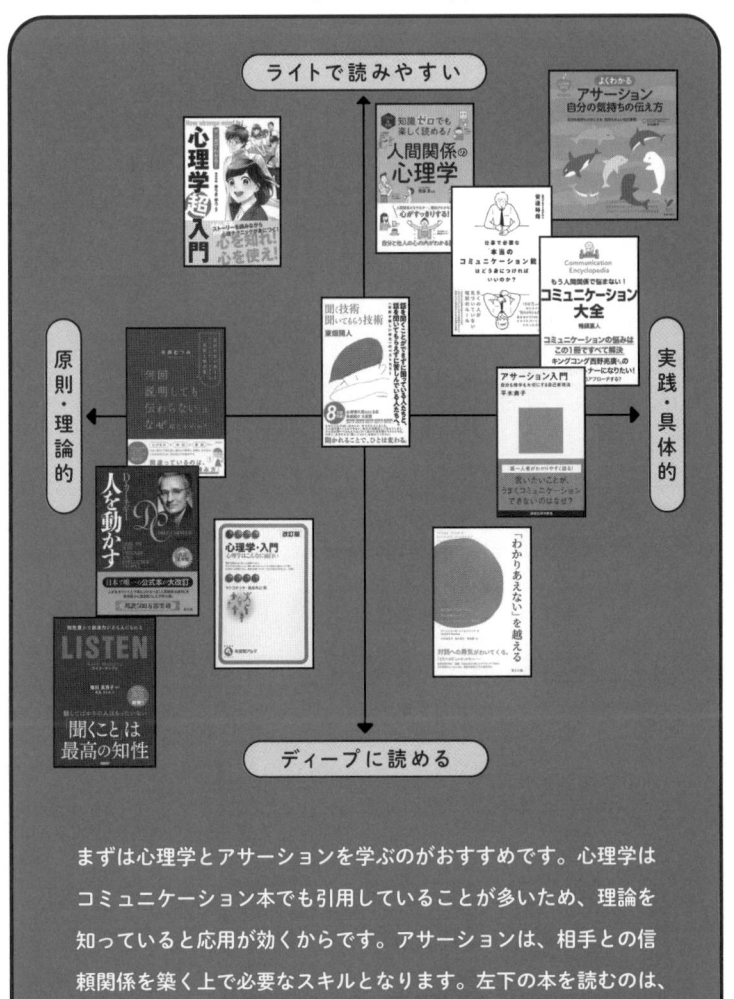

まずは心理学とアサーションを学ぶのがおすすめです。心理学は
コミュニケーション本でも引用していることが多いため、理論を
知っていると応用が効くからです。アサーションは、相手との信
頼関係を築く上で必要なスキルとなります。左下の本を読むのは、
その後でも遅くはありません。

ぶっくマップ

リーダー・マネジメントの本

ぶっくマップ 15冊

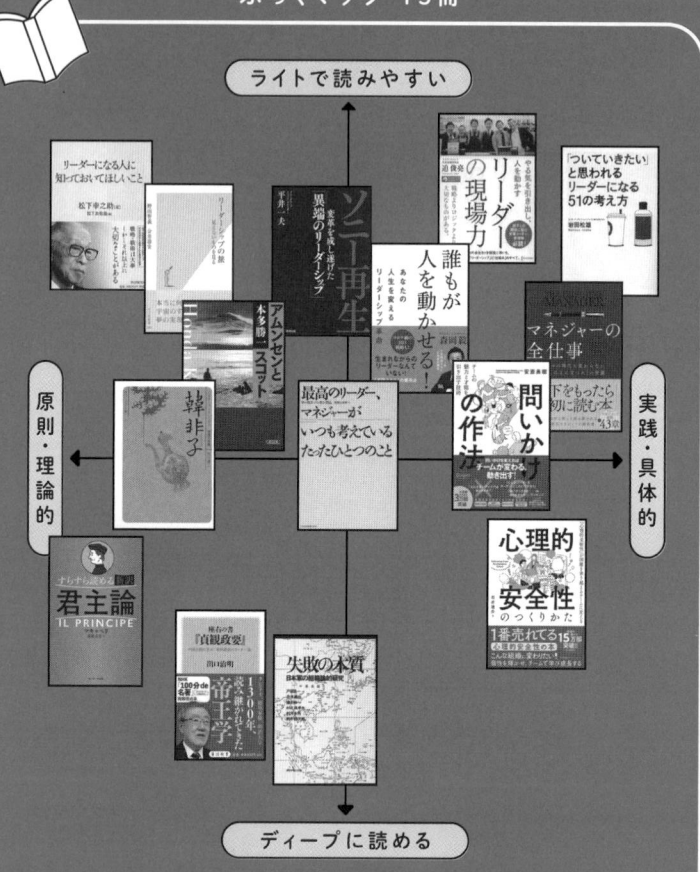

ライトで読みやすい

原則・理論的 ← → 実践・具体的

ディープに読める

リーダーシップには答えはありません。平常運転なのか危機的状況かによっても立ち回り方は変わります。メンバーをサポートする立ち回りが良いときもありますし、ぐいぐい引っぱっていくケースが良い状況もあります。もし迷う場合は、右上の本から選んでみてください。

学習法・独学の本
ぶっくマップ 10冊

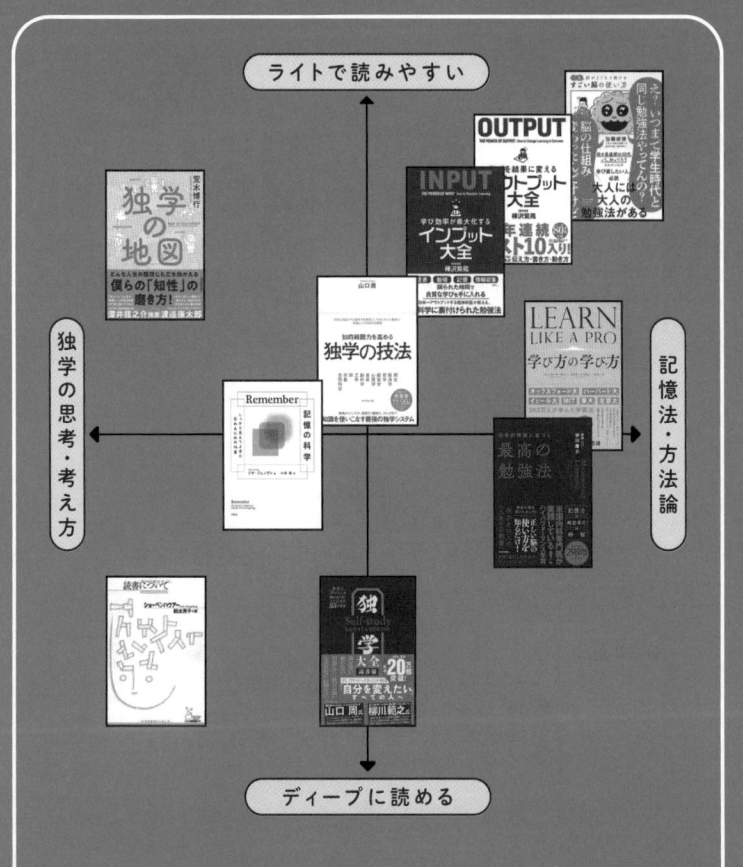

全体→テクニックの順で学ぶのが良いでしょう。まずは『独学の地図』（荒木博行・著、東洋経済新報社）でそもそもなにを学ぶかの地図を描いた後、右側にある本で学ぶ効率を高められる本を読むのがおすすめ。どう学ぶかの前に、なにを学ぶかを決めておくと遠回りせずに済みます。

ぶっくマップ

仕事術の本
ぶっくマップ 13冊

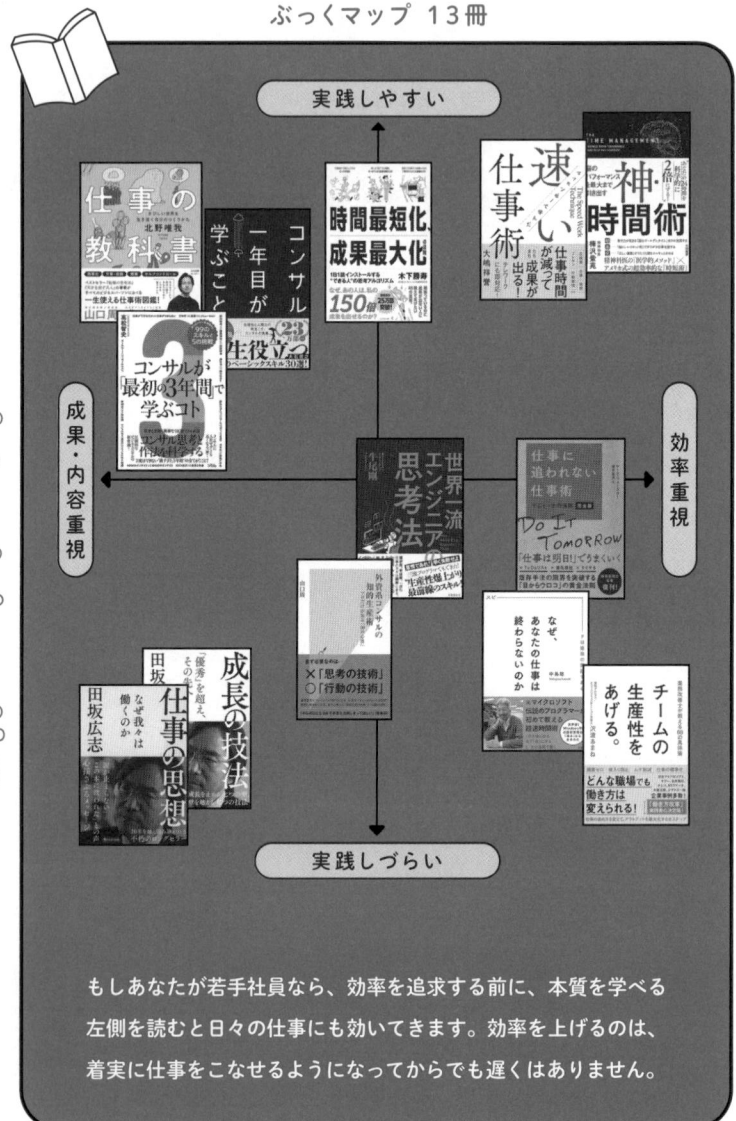

実践しやすい

成果・内容重視 ← → **効率重視**

実践しづらい

仕事術

もしあなたが若手社員なら、効率を追求する前に、本質を学べる
左側を読むと日々の仕事にも効いてきます。効率を上げるのは、
着実に仕事をこなせるようになってからでも遅くはありません。

価値観・視野が広がる本
ぶっくマップ 16冊

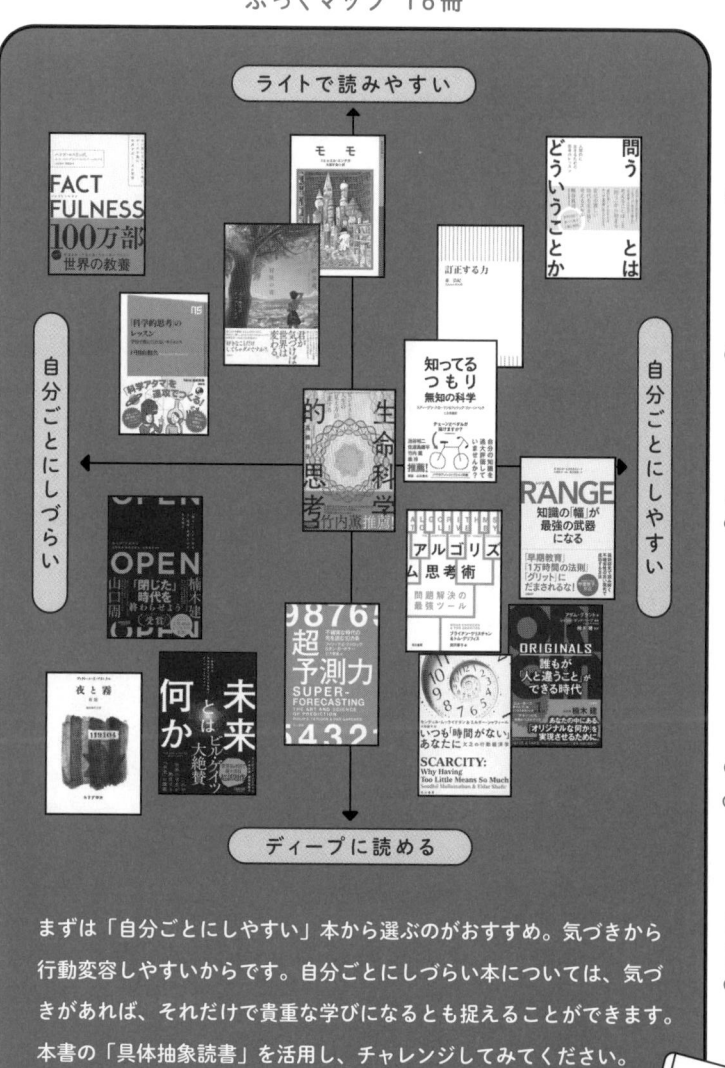

まずは「自分ごとにしやすい」本から選ぶのがおすすめ。気づきから行動変容しやすいからです。自分ごとにしづらい本については、気づきがあれば、それだけで貴重な学びになるとも捉えることができます。本書の「具体抽象読書」を活用し、チャレンジしてみてください。

ぶっくマップ

健康・メンタルの本
ぶっくマップ 13冊

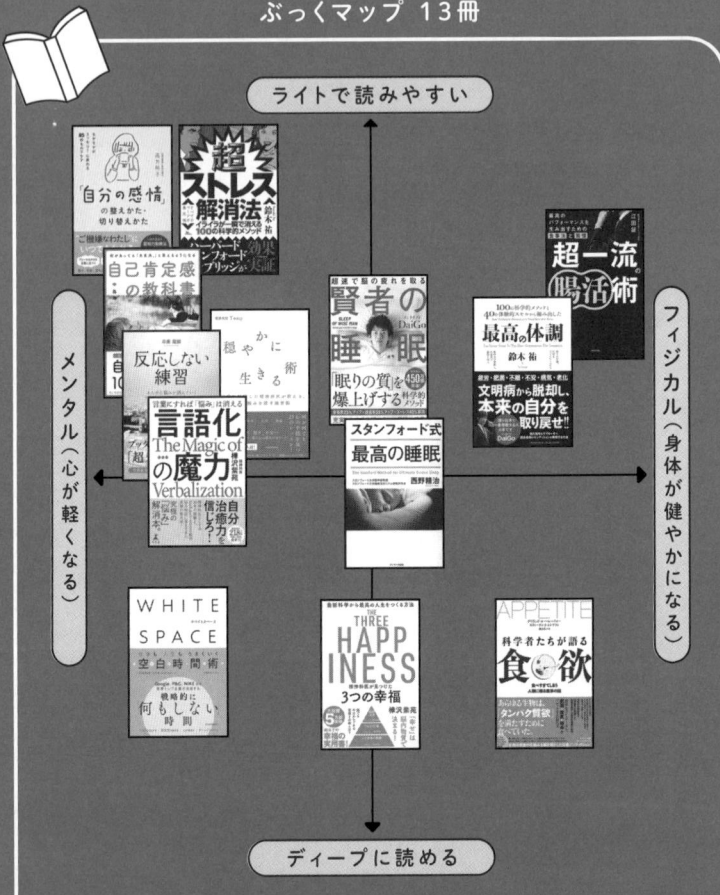

ライトで読みやすい

健康・メンタル

メンタル〈心が軽くなる〉

フィジカル〈身体が健やかになる〉

ディープに読める

心と体は連動しているといわれているため、メンタルもフィジカルも大切にしたいところ。おすすめなのは中央にある睡眠本。睡眠改善は、心にも体にも大きく影響します。その他の生活改善については樺沢紫苑先生の本がおすすめです。

転職・キャリアの本
ぶっくマップ 12冊

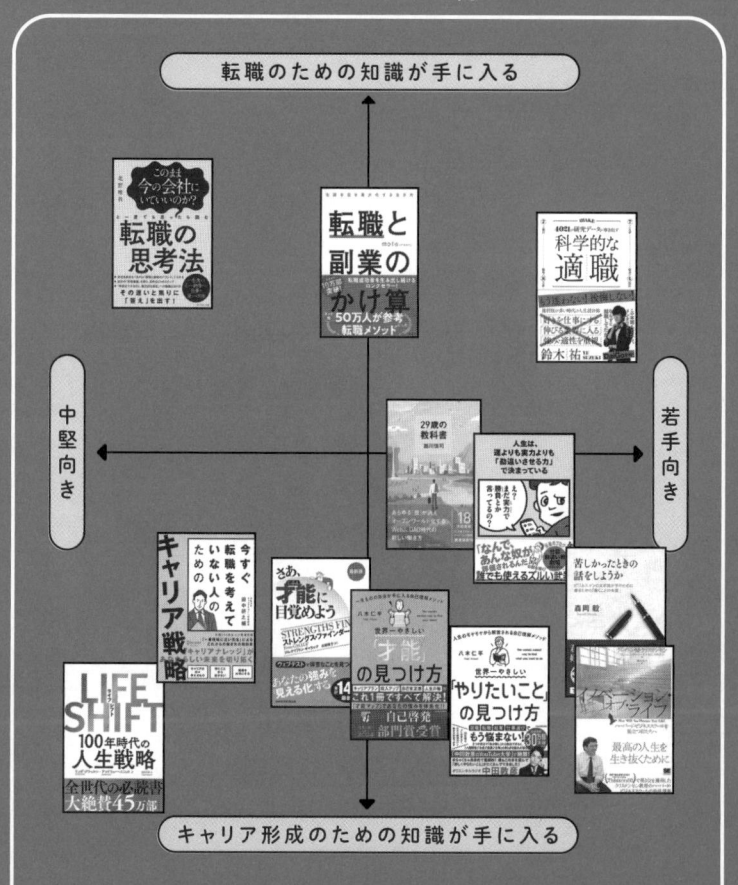

転職のための知識が手に入る

中堅向き　　　　　若手向き

キャリア形成のための知識が手に入る

転職はそんな簡単に決断するものではありません。だからこそ、「自分のやりたいことが明確であるか？」を理解しておきたい。キャリア形成のための知識で自分の目指す場所を定め→転職のための知識を学ぶ。この順で読み、転職での後悔をなくしましょう。

ぶっくマップ

文章力が上がる本
ぶっくマップ 12冊

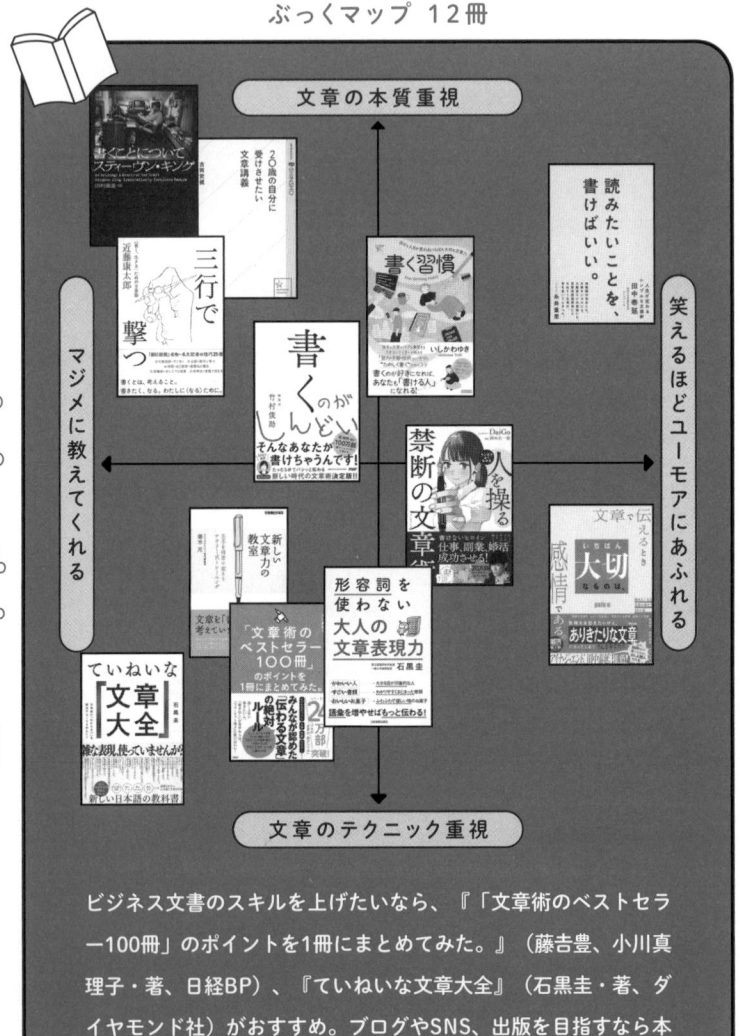

ビジネス文書のスキルを上げたいなら、『「文章術のベストセラー100冊」のポイントを1冊にまとめてみた。』（藤吉豊、小川真理子・著、日経BP）、『ていねいな文章大全』（石黒圭・著、ダイヤモンド社）がおすすめ。ブログやSNS、出版を目指すなら本質重視の本がおすすめです。面白い文章が好きなら右側をどうぞ。

話し方・プレゼンの本
ぶっくマップ 9冊

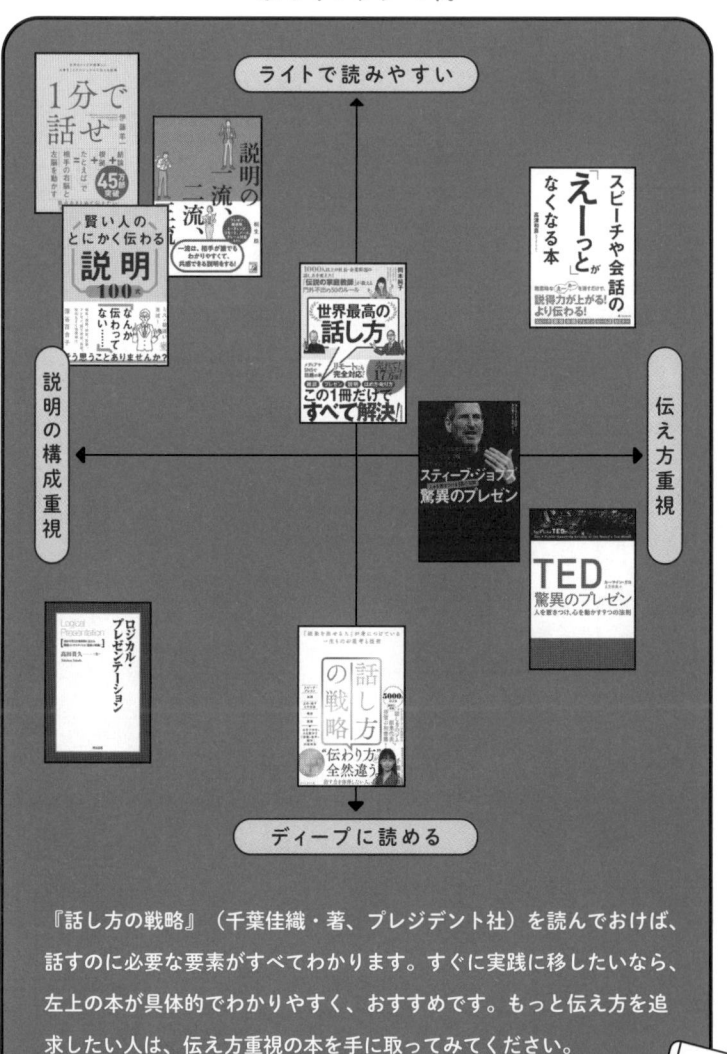

『話し方の戦略』（千葉佳織・著、プレジデント社）を読んでおけば、話すのに必要な要素がすべてわかります。すぐに実践に移したいなら、左上の本が具体的でわかりやすく、おすすめです。もっと伝え方を追求したい人は、伝え方重視の本を手に取ってみてください。

ぶっくマップ

言語化の本
ぶっくマップ 7冊

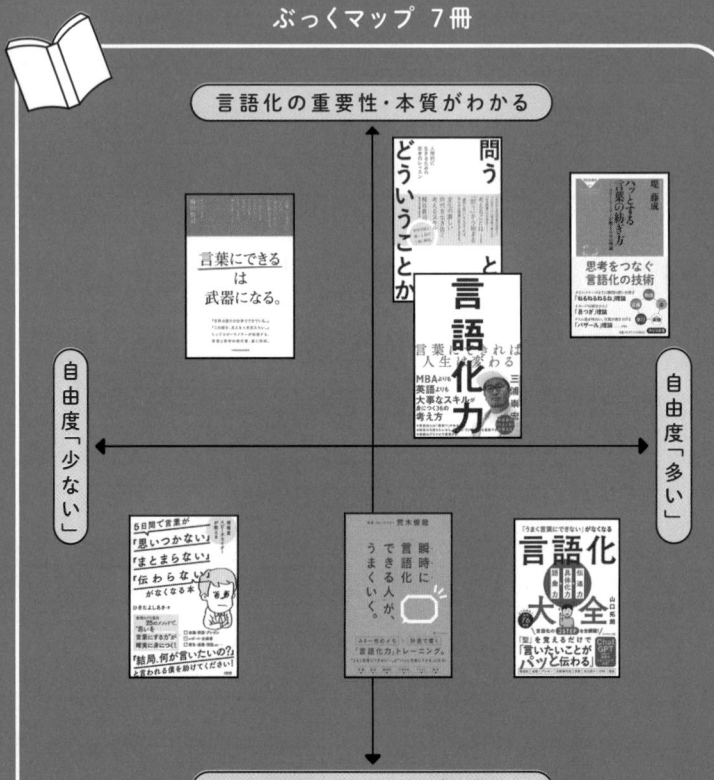

言語化の重要性・本質がわかる

自由度「少ない」 ← → 自由度「多い」

言語化トレーニング重視

どう伝えるかの前に、なにを伝えるかを学べる本です。多くの本には言語化トレーニングが紹介されています。手当たり次第に読むよりも、1冊合う本を見つけて実践するのがポイントです。この中で一番シンプルでおすすめなのは『瞬時に「言語化できる人」が、うまくいく。』（荒木俊哉・著、SBクリエイティブ）。A4用紙と2分という時間があればすぐに実践できます。

科学・生物学 の本
ぶっくマップ 27冊

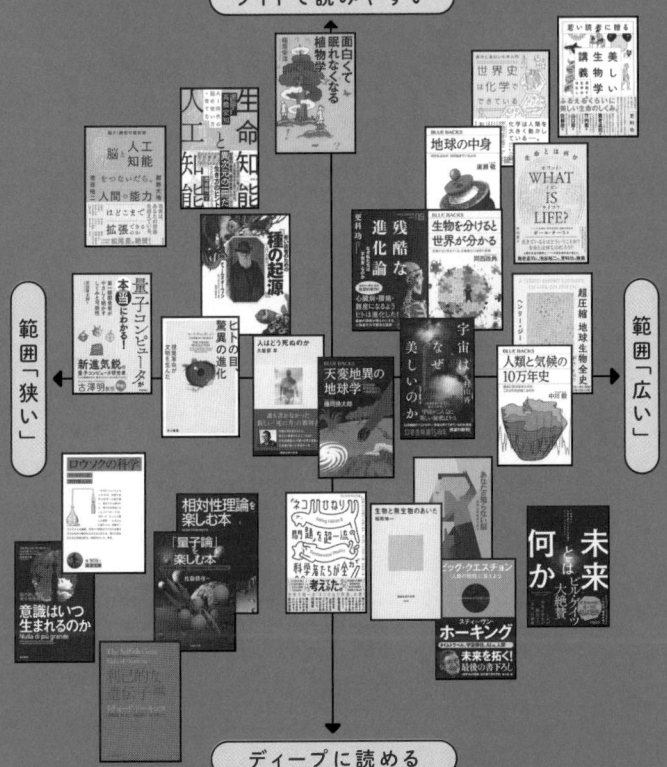

これから学びたい人は、「範囲：広い／ライトで読みやすい」ものから選ぶのがおすすめです。ある程度知識がつき、興味がわいたら、徐々に左下の本にも手をつけていくと挫折なく読み進められるでしょう。仕事とは直結しないので、興味のある本を手に取るのが一番です。

ぶっくマップ

経済・社会の本

ぶっくマップ 19冊

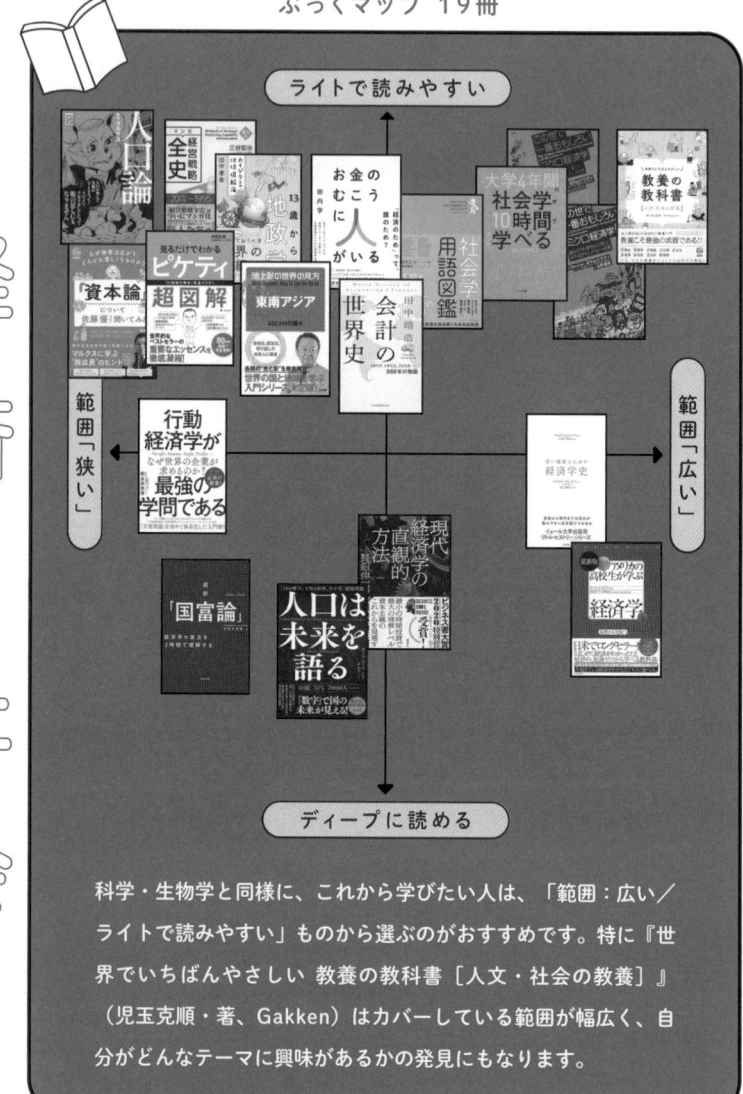

経済・社会

科学・生物学と同様に、これから学びたい人は、「範囲：広い／ライトで読みやすい」ものから選ぶのがおすすめです。特に『世界でいちばんやさしい 教養の教科書［人文・社会の教養］』（児玉克順・著、Gakken）はカバーしている範囲が幅広く、自分がどんなテーマに興味があるかの発見にもなります。

歴史が学べる本
ぶっくマップ 17冊

ライトで読みやすい

範囲「狭い」 ←→ 範囲「広い」

ディープに読める

歴史が学べる

わかりやすく、かつ全体観を学ぶなら、『一度読んだら絶対に忘れない』シリーズ（SBクリエイティブ）がおすすめです。教科書的な歴史を学ぶなら、『もういちど読む 山川世界史』（山川出版社）の2冊で知識の穴を埋められます。その他、『ゲームチェンジの世界史』（神野正史・著、日経BP）を読むと、歴史の法則が見えてきます。好みに応じて選んでみてください。

ぶっくマップ

哲学・思想の本
ぶっくマップ 31冊

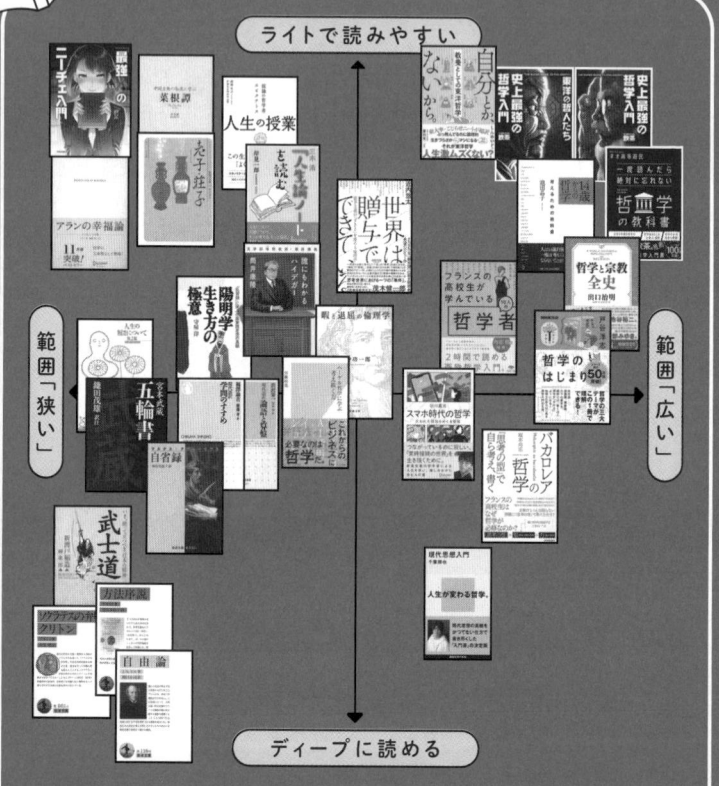

哲学・思想

哲学は難解な本が多く、選書には注意が必要です。はじめて選ぶなら『史上最強の哲学入門』（飲茶・著、河出書房新社）、『自分とか、ないから。』（しんめいP・著、鎌田東二・監修、サンクチュアリ出版）がおすすめ。ユーモアあふれる内容で楽しく読めます。左上は、個別の哲学でかつ解説書を中心に、左下は、哲学の中では原書の中でも比較的わかりやすい本だけをピックアップしています。

読書術 の本
ぶっくマップ 10冊

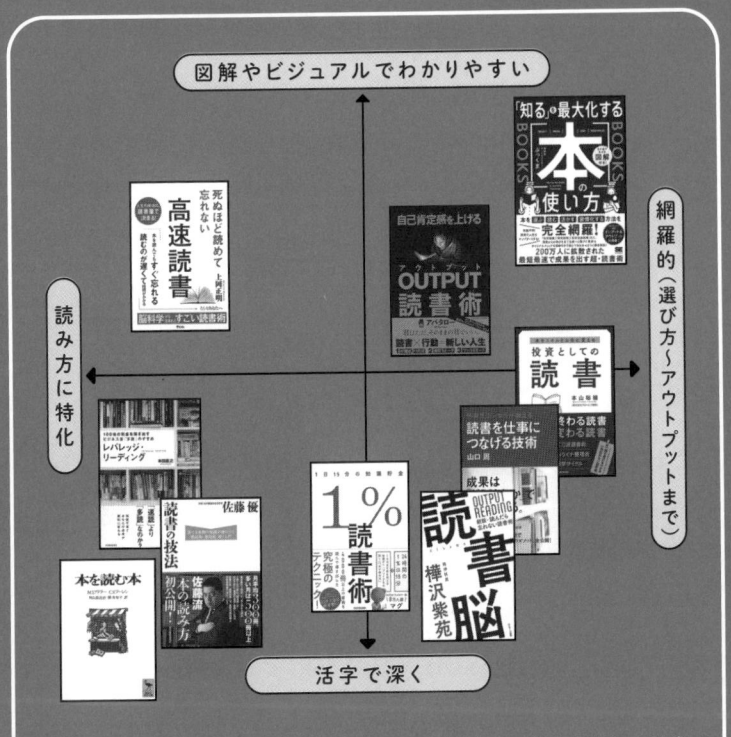

右上の本書をお読みいただきありがとうございます。私の本はわかりや
すくかつ網羅的に解説しています。「読書ノートは面倒」という人は『1%
読書術』（マグ・著、KADOKAWA）、古典を読みたい人は『OUTPUT
読書術』（アバタロー・著、クロスメディア・パブリッシング）、いろん
な読書法を試したい人は『読書脳』（樺沢紫苑・著、サンマーク出版）、
読書を極めたい人は『読書の技法』（佐藤優・著、東洋経済新報社）、『本
を読む本』（モーティマー・J・アドラー、チャールズ・V・ドーレン・
著）、外山滋比古、槇未知子・訳、講談社）がおすすめです。

参 考 文 献

『レバレッジ・リーディング』本田直之（著）東洋経済新報社

・平成 30 年度「国語に関する世論調査」の結果の概要

https://www.bunka.go.jp/tokei_hakusho_shuppan/tokeichosa/kokugo_yoronchosa/
pdf/r1393038_02.pdf

『コーヒーの科学「おいしさ」はどこで生まれるのか』旦部幸博（著）講談社

『知識の構造化』小宮山宏（著）安全門社

『知識を操る超読書術』メンタリスト DaiGo（著）かんき出版

『インプット・アウトプットが 10 倍になる読書の方程式』羽田康祐 k_bird（著）フォレスト
出版

『方法序説』デカルト（著）、谷川多佳子（訳）岩波書店

『会計の世界史』田中靖浩（著）、日本経済新聞社

『ニコマコス倫理学（上）』アリストテレス（著）、渡辺邦夫・立花幸司（訳）光文社

Optimal Learning Paths in Information Networks

G. C. Rodi, V. Loreto, V. D. P. Servedio & F. Tria

A Meta-Analysis on the Effects of Text Structure Instruction on Reading
Comprehension in the Upper Elementary Grades Suzanne T.M.Bogaerds-Hazenberg
Jacqueline Evers-Vermeul Huub van den Bergh Utrecht University, Utrecht The
Netherlands

States of Curiosity Modulate Hippocampus-Dependent Learning via the
Dopaminergic Circuit

Effects of Prior-Knowledge on Brain Activation and Connectivity During Associative Memory Encoding

Free recall enhances subsequent learning

『学びを結果に変えるアウトプット大全』樺沢紫苑（著）サンクチュアリ出版

『頭がよくなる「図解思考」の技術』永田豊志（著）KADOKAWA

『なんでも図解 絵心ゼロでもできる！爆速アウトプット術』日高 由美子（著）ダイヤモンド社

『ジェームズ・クリアー式 複利で伸びる 1 つの習慣』ジェームズ・クリアー（著）、牛原眞子（訳）パンローリング株式会社

『7 つの習慣』スティーブン・R・コヴィー（著）キングベアー出版

『超効率耳勉強法』上田渉（著）ディスカヴァー・トゥエンティワン

『知的戦闘力を高める 独学の技法』山口周（著）ダイヤモンド社

https://prtimes.jp/main/html/rd/p/000000037.000001409.html

『行動経済学が最強の学問である』相良奈美香（著）SB クリエイティブ

『君主論（岩波文庫）』マキアヴェッリ（著）、河島英昭（訳）岩波書店

『すらすら読める新訳 君主論』マキアヴェッリ（著）、関根光宏（訳）サンマーク出版

285

本書内容に関するお問い合わせについて

このたびは翔泳社の書籍をお買い上げいただき、誠にありがとうございます。弊社では、読者の皆様からのお問い合わせに適切に対応させていただくため、以下のガイドラインへのご協力をお願い致しております。下記項目をお読みいただき、手順に従ってお問い合わせください。

●ご質問される前に

弊社Webサイトの「正誤表」をご参照ください。これまでに判明した正誤や追加情報を掲載しています。

正誤表　https://www.shoeisha.co.jp/book/errata/

●ご質問方法

弊社Webサイトの「書籍に関するお問い合わせ」をご利用ください。

書籍に関するお問い合わせ　https://www.shoeisha.co.jp/book/qa/

インターネットをご利用でない場合は、FAXまたは郵便にて、下記"翔泳社 愛読者サービスセンター"までお問い合わせください。
電話でのご質問は、お受けしておりません。

●回答について

回答は、ご質問いただいた手段によってご返事申し上げます。ご質問の内容によっては、回答に数日ないしはそれ以上の期間を要する場合があります。

●ご質問に際してのご注意

本書の対象を超えるもの、記述個所を特定されないもの、また読者固有の環境に起因するご質問等にはお答えできませんので、予めご了承ください。

●郵便物送付先およびFAX番号

送付先住所　〒160-0006　東京都新宿区舟町5
FAX番号　　03-5362-3818
宛先　　　　（株）翔泳社 愛読者サービスセンター

著者紹介 ━━━━━━━━━━━━━━━

ぶっくま

「学び読書」のスペシャリスト

1979 年福島県生まれ。大学卒業後、手取り 15 万円、月の残業時間 170 時間、深夜残業が当たり前のブラック企業に勤めながら「このままではダメだ」と何とか時間を確保し、「読書」への投資を開始。本から得た知見をもって仕事・生活の改善をしていった結果、現在は東証プライム企業で PM として活躍中。会社勤めをしながら自身の「本を読むことによって人生が変わった」体験を多くの人に共有するため、ブログや X（旧 Twitter）などを使って積極的に情報を配信中。現在も年間 300 冊以上を読破する読書人。

ひと目でわかる図解付き！

「知る」を最大化する本の使い方

2024 年 9 月 4 日　初版第 1 刷発行
2024 年 12 月 5 日　初版第 3 刷発行

著者	ぶっくま
発行人	佐々木 幹夫
発行所	株式会社翔泳社（https://www.shoeisha.co.jp）
印刷・製本	日経印刷株式会社

ISBN978-4-7981-8460-9　　　　　　　　　　　　　　Printed in Japan